공공의료 새롭게

여러분의 참여로 이 책이 태어납니다.
씨앗과 햇살이 되어주신 분들, 참 고맙습니다.

강유식 김나연 김동길 김동은 김미정 김용익 김정우 김정은 김종희 남명희 류다혜 박왕용
박유경 박재만 박재원 박종민 박지선 박지설 박혜경 백영경 서보경 서지은 손석호 송직근
송현석 신동호 오현정 이경민 이기성 이보라 이석호 이선주 이종국 임정은 정성훈 정옥진
정창욱 조성식 조원경 조혜영 홍수민 황자혜 황지원   (43명)

공공의료 새롭게

한뼘문고

01

백재중 지음

건강
미디어
협동조합

여는 글 · · 6

1장 공공병원의 역사와 현실 · · 11

2장 민간 주도 의료서비스 공급 체계 · · 49

3장 공공병원 확대 강화를 위한 운동 · · 63

4장 공공병원 새롭게 · · 77

5장 민간병원의 공공성 강화 · · 95

부록 공공의료는 시민의 힘으로 · · 107

여는 글

공공의료에 대한 관심이 그 어느 때보다 크다. 요즘만큼이나 공론장에서 논의된 때를 찾기 어렵다. 코로나 대유행을 지내며 공공의료의 중요성을 체감하면서 시민들이 자발적으로 공공병원 설립 운동을 주도하는 형편이다.

공공의료 현실은 생각보다 훨씬 더 척박하다. 공공의료에 관심과 사명감을 가지고 공공병원에 취직한 선후배 의사들이 막상 공공병원의 열악한 상황에 맞닥뜨려 실망하거나 좌절하는 모습을 종종 보았다. 그럼에도 필자는 공공의료를 확대 강화해야 한다는 주장을 펼치며 지지한다.

『공공의료 새롭게』는 공공병원에서 의사로 근무했으며 지금도 공공의료에 관심과 애정을 쏟는 한 시민인 필자가 공공의료에 조금이라도 보탬이 되고자 쓴 책이다. 공공의료를 기록하는 동시에 나아갈 방향을 제안한다.

의대를 졸업하고 군 복무 대신 공중보건의로 36개월을 근무했다. 충주의료원에서 1년 남짓이 공공병원 근무의 시작이었다. 이후 충청북도의 한 보건지소에서 나머지 기간을 채웠다. 공중보건의를 마친 후 국립의료원[1]에서 인턴, 레지던트 수련을 끝내고 서울대학교 병원에서의 펠로우(전임의) 기간을 보내고 다시 국립의료원으로 돌아왔다.

전문의로 일하면서 2000년 의사 파업을 경험하고, 2003년 사스 SARS 대책을 담당했다. 사스 유행이 정리된 후 공익적 민간 병원인 녹색병원으로 옮겨 17년 넘게 일하고 지금의 신천연합 병원 원장으로 이직했다. 이 병원도 공익적 민간병원이다.

의사 생활의 반은 공공 영역에서 나머지는 민간 영역에서 근무한 셈이다. 양쪽을 다 경험했기에 장단점을 나름 잘 이해한다고 자부한다. 민간병원에서 일하는 동안에도 성남시의료원 설립추진위원회에 참여하면서 병원 설립에 기여도 하고 진주의료원 재개원 관련한 공론화추진위원회 준비를 위해 창원까지 발품을 들였다.

공공병원의 고질적 문제점에 대해 잘 아는 처지지만 의료서

---

1. 지금의 국립중앙의료원

비스 공급이 민간으로 너무 치우쳐 발생하는 다양한 부작용을 외면하기도 어렵다. 이 책은 공공의료 확대 강화 입장을 옹호하기 위해 썼다.

코로나 팬데믹을 거치면서 공공병원에 관심이 쏠렸다. 각 지역에서 자발적인 공공병원 설립 추진 운동도 활발하다. 우리나라 역사에서 공공병원이 언제 이렇게까지 관심을 모았을까. 그러나 그 추동력이 얼마나 지속될지는 의문이다. 윤석열 정부의 출범이 공공병원 열기에 찬물을 끼얹지나 않을까 걱정이 앞선다. 민간 역할에 방점을 두고 의료를 통한 사업 가능성을 운운하니 공공의료 후퇴 가능성도 엿보인다. 의료 민영화 정책을 본격 시행하려 할지도 모른다.

아무튼 공공병원 규모가 얼마나 왜소한지 살피는 것은 우리나라 의료 문제의 본질적인 취약성을 파악하는 데 도움을 주리라 본다. 그 역사적 배경에 대한 이해는 의료에 대한 철학과 정책 방향을 이해하는 데 필수다. 지금의 공공의료가 쉽게 변화 가능할지 의구심을 가지면서도 시민의 관심과 의지야말로 이를 가능케 하는 추동력임을 믿는다. 사실 공공병원이 워낙 바닥이므로 이제 다시 올라갈 일만 남았다는 역설도 가능하다.

우리나라 의료 체계는 재정 부문에서는 국가가 운영하는 건강보험이 존재해 최소한의 공공성을 담보한다. 그러나 보장성이 충분하지 않다는 제약이 따른다. 반면 의료서비스 공급 체계에서 보면 여러 심각한 문제가 떠오른다.

첫째는 의료서비스 공급이 민간에 심하게 치우쳤다. 대략 90% 가까이가 민간 영역이다. 공공성이 극히 위약하다.

둘째는 의료전달체계가 제대로 작동하지 않는다는 점이다. 경증 질환은 1차 의원, 다음은 2차, 그 다음 중증이나 희귀 질환은 3차 병원을 순차적으로 찾도록 하는 체계가 무너졌다. 중간 단계를 건너뛰거나 처음부터 대형 병원을 찾는 경향이 뚜렷하다. 빅5 병원을 정점으로 대형 병원에 치우친다. 그만큼 지역사회와 긴밀하게 접촉 가능한 1차 의원, 중소병원이 취약하다.

셋째는 과도한 수도권 집중 현상이다. 의료기관 수가 수도권에 집중되었기도 하지만 환자와 가족의 선호도가 수도권 병원에 치우친다. 빅5 병원 모두 수도권에 위치한다.[2] 반면에 적정 시간 내 병원 응급실이나 분만실에 도착하기 어려운 지방자치단체는 더 늘어난다.

의료서비스 공급 체계의 왜곡은 다양한 부정적 영향의 원인으로 작용한다. 의료 공급 체계를 전면 개편하지 않고는 의료

2. KTX 개통 이후 수도권 집중 현상 가속화. KTX 이용자 수요 조사에서 의료 목적으로 이용하는 경우가 두 번째로 많음

공공성 담보가 어렵다. 그러나 이 같은 체계가 해방 이후 수십 년 동안 형성되었기에 단기간의 개편은 사실상 불가능해 보인다. 그렇다고 마냥 포기해선 안 된다. 이 사안은 우리나라 보건의료 건강성을 회복하는 일에서 결정적인 과제다.

　이 책에서는 공공병원이 지금처럼 왜소해진 역사 배경과 수익성 위주의 민간병원 경영 전략이 의료 공공성에 미치는 폐해를 살펴본다. 새롭게 등장한 공공병원 확대 강화 운동 흐름과 이 운동의 성공을 위해 필요한 공공병원 혁신과 구체적 전략을 말한다. 의료 체계 전체의 공공성 강화를 위해 공공병원만으로 부족하고 공익적 민간병원과의 전략적 연대가 필요함도 밝힌다.

1장

공공병원의
역사와 현실

공공의료란 무엇인가

:

코로나 팬데믹 과정에 공공의료는 많은 사람의 지대한 관심을 받았다. 지역주민이 자기 지역에 공공병원을 설립해야 한다면서 동시다발로 설립 운동에 나선 것도 처음이다. 우리 근현대사에서 드문 현상이다. 공공의료란 좁게는 공공병원을 지칭하는데 이를 둘러싼 역사와 현실을 찬찬히 되돌아보자.

공공의료는 다양한 의미로 쓰인다. 의료 현장에서 일하는 의료인, 공공병원 경영자, 노동조합, 관리 책임이 있는 지방정부, 총괄해야 하는 중앙정부 관료, 정책을 논하는 교수들, 공공병원을 이용하는 지역주민, 민간 의료기관 각각의 입장에 약간씩 차이가 보인다. 상황에 따라서도 달리 쓰인다.

가장 원론적인 주장은 의료는 공공재이므로 의료 자체에 이미 공공의 개념이 포함되어 공공의료라는 용어 자체가 무의미하다는 것이다. 자주 예로 드는 것 중 하나가 소방이다. 소방 업무는 국민의 생명과 재산을 지키므로 국가가 전적으로 책임을 진다. 소방 자체가 '공공'이어서 공공소방이라는 용어를 따로 안 쓴다. 그러나 만약 소방 업무에 시장이 도입되어 민간에서도 소방업을 하게 된다면 공공소방과 민간소방이 나뉠 것이다.

의료도 마찬가지다. 의료가 국민의 생명을 지키는 중요한 업무이므로 국가가 전적으로 책임져야 한다고 주장 가능하다. 만약 그런 시스템이라면 의료 자체가 공공이므로 따로 공공의료라는 용어의 효용성이 아주 제한적일 것이다. 쿠바나 북한 같은 사회주의 국가는 대부분 의료기관을 국가에서 운영하므로 공공의료라는 개념 자체가 안 보인다.

우리나라 의료의 경우 재정은 국가 책임의 건강보험으로 운영되므로 근간은 공공성이 강하다. 다만 보장성이 부족하여 이를 민간보험들이 메우고 그 시장 규모도 막대하다. 반면에 의료서비스 공급은 민간 의존도가 아주 높은 편이다. 병상 수로 따지면 거의 90% 가까이 민간 영역에서 운영한다. 의료 공급 측면에서 보면 의료에 대한 국가 책임성이 아주 미비하다. 의료는 시장성이 강하고[1] 공공성이 약해 공공의료라는 용어는 공공성 회복을 주장하는 데 종종 동원되곤 한다.

---

1. 의료비를 의미하는 의료 수가를 개별 의료기관이 정하지 못하고 정해진 수가를 받아야 한다는 의미에서 시장과는 거리가 멀다는 주장도 제기되지만 기본적으로 의료서비스 공급 주체가 민간이라는 의미에서 시장성이 강함. 특히 비급여 분야는 정부 통제 밖이기에 이를 통한 과잉진료, 의료 남용 우려가 상존

공공의료 확대·강화 주장은 주로 민간과 비교해 한참 뒤처진 공공병원의 병상을 확충하자는 의미로 해석된다. 이때 공공의료라는 말은 주로 공공병원을 뜻한다. 제대로 된 공공의료는 탄탄한 공공병원을 토대로 가능하다는 것을 새삼 상기해야 한다.

공공병원 확대·강화를 공공의료의 핵심으로 보는 데 반대하는 이도 있다. 공공병원이 빈약해서 이를 보완하는 차원에서 민간병원도 공공의료의 기능을 수행할 수 있다고 재정의하여 공공의료를 기능적 차원으로 돌리기도 하지만[2] 이는 고육지책이고 편법에 지나지 않는다. 민간 주도의 의료 공급 현실을 인정할 수밖에 없어 이를 토대로 공공의료를 확충하자는 현실론이기는 하지만 결과는 민간의료 강화로 이어질 가능성이 높다.

이규식[3]은 공공병원 중심 공공의료 논의에 반대하면서 '건강보험의료' 자체가 공공의료여야 한다고 주장한다. 건강보험 자체가 공공의료기 때문에 건강보험 요양기관으로 지정되면 이에 상응하는 지원을 해야 한다는 논리다.

건강보험을 적용하는 모든 의료기관이 공공의료 수행자라

---

2. '공공보건의료에 관한 법률'에서 공공보건의료의 개념을 '설립 및 소유' 중심에서 '기능' 수행 여부 중심으로 정의함
3. 연세대 명예교수, 건강복지정책연구원 원장

는 주장이다. 이는 결국 민간 의료기관에 대한 지원을 확대하자는 입장으로 귀결된다. 공공병원과 민간병원의 차이가 사장되고 오히려 민간병원을 강화하는 방향으로 간다. 공공병원 중심 공공의료 논의가 우리나라 의료 문제 해결을 방해한다고 보며 공공병원 중심의 코로나 방역 활동도 부정적으로 인식한다.[4]

이 입장은 건강보험이라는 재정 시스템에 초점을 맞춘 것으로 의료서비스 공급 체계의 불균형을 외면한다. 민간 주도 의료 공급 체계에서 기인하는 많은 폐해에는 눈 감는다.

이 책에서는 공공의료 개념을 좁게는 공공병원에 대한 것으로 한정하고 민간 부문으로 확장할 때는 의료 공공성이라는 개념으로 포괄하고자 한다. 의료 공급 체계에서 공공병원의 왜소함을 언급하지 않고 공공의료를 얘기하는 건 한계가 너무도 명백해서다.

공공병원은 왜 인기가 적은가

:

코로나 팬데믹을 또 거치면서 공공병원 설립 운동이 한 흐름으로 자리를 잡았다. 공공병원들이 우리 사회에서 제 역할을

---

4. 이규식 「구매제도의 문제점과 개혁 방향」 『이슈페이퍼 No. 55』 건강복지정책연구원 2022.2.22

다하기 위해서는 이제껏 공공병원에 내재한 여러 한계와 문제 제기도 귀담아들어야 한다.

많은 사람이 새삼스럽게 공공병원 논하냐며 낯설어한다. 실제 몸이 아프거나 건강 진단을 위해 병원을 방문할 때 공공병원이냐 아니냐를 따지지 않았을 것이다. 이용하는 병원이 대개 민간병원이고 공공병원 자체가 드물기도 하지만 공공병원에 대한 선입견도 존재한다. 공공병원은 뭔가 칙칙하고 경제적으로 어려운 사람들이 이용하는 시설이라고 생각하는 사람도 많다. 그래서 공공병원은 굳이 찾아서 가는 인기 좋은 의료기관이 아니다.

반면에 공립 어린이집이나 공립 요양원을 이용해 본 사람들은 이곳이 얼마나 인기 높은지 안다. 여기에 등록하려면 대기가 수개월 또는 1년 이상 걸리기도 한다. 공공기관이 사립기관과 비교해 절대 우위이다.

그런데 유독 공공병원은 사립 병원과 비교해 절대 열세에 놓인다. 왜 이렇게 다를까? 일단 공공병원이 적어 시민들이 공공병원을 경험할 기회가 많지 않았다. 일부러 거리가 먼 공공병원을 찾아갈 정도로 매력적이지 않은 것도 사실이다. 국립대병원까지 포함하면 인기가 적다고 하기는 어렵다. 서울대병원을 포함하여 국립대 병원들은 일정 규모를 가지고 진료를 수행하지만 종합병원으로서 각 지역의 근간이 되는 지방의료원 수준으로 내려가면 얘기가 달라진다.

지방에 자리하는 지방의료원들은 그래도 역할이 크다. 1980년대 끝 무렵 내가 공중보건의로 근무했던 충주의료원은 당시 지역에서 가장 큰 의료기관으로 지역의료에서 핵심 역할을 담당했다. 지역에 따른 의료자원 불평등으로 많은 의료기관이 수도권 또는 대도시로 집중되는 바람에 의료기관이 적은 농촌 지역에서는 지방의료원이 중요한 역할을 한다. 지금도 마찬가지다.

그런데 문제는 이런 지방의료원도 많지 않다는 것이다. 지방의료원이 없는 지역이 훨씬 더 많다. 당시 충청북도에는 청주와 충주 두 군데만 지방의료원이 존재했고 지금도 그렇다. 충북대 의대가 생기면서 막 충북대병원이 설립되는 와중이었다. 지금도 시골 지역에는 공공병원은커녕 제대로 된 사립 병원조차 잘 안 보인다. 그만큼 수익을 기대하기 어려워 민간 부문도 진입하지 않는 취약 지역들이다.

시골 지역과 비교해 대도시 지역의 공공병원 역할은 더 보잘것없다. 상대적으로 대형 사립 병원이 많아서다. 서울 지역을 봐도 지나면서 마주치는 수많은 병원은 대부분 사립 병원들이다. 대학병원들도 대부분 사립이다. 공공병원은 마주치기 어려우며 이런 병원의 존재조차 모르는 사람도 많다. 그래서 공공병원은 어디 구석에 숨었고 특별한 역할을 하는 기관 정도로 인식하는 현실이다. 많은 이들이 병원이면 다 같은 병원이지 공공병원과 사립 병원이 어떻게 다르겠냐고 생각한다.

소비자인 시민은 굳이 공공병원과 사립 병원을 구별할 필요도 없을뿐더러 중요한 것은 병원의 시설, 인력 그리고 친절함 등 병원의 '구성 요소'다. 공공병원이 워낙 적다 보니 공공병원 진료를 경험해 볼 기회가 많지 않아 그 차이를 실제 경험하기도 어렵다. 공공병원 인근에 거주하는 주민 정도나 차이를 느낄까 말까 하다.

공공병원은 왜 인기가 없는지 물었지만 사실 사립 병원과 비교할 정도로 공공병원이 많지 않으니 인기를 논하는 데는 어폐가 있다. 외려 가까운 병원을 이용하는데 그게 사립 병원일 때가 많다. 특별히 아쉬운 게 없으면 그냥 다닐 것이고 그 병원에서 해결하지 못하면 대학병원으로 전원하면 되니 공공병원이 없다고 크게 불편할 일 없다. 사실 내가 다니는 병원이 공공병원이어야 할 이유도 없다. 수가는 정해져 동급병원이면 차이가 나지 않는다.[5]

기본 의료비 차이가 별로 안 나는 것도 그 이유 중 하나다. 요즘 공공병원들은 그래도 신축하거나 부분적으로 시설 투자를 하여 경쟁력을 꽤 갖춘 곳들이 많다. 공공병원이 인기가 적다

---

5. 규제가 없는 비급여 부분은 차이가 날 수 있다. 합법적으로 적용할 수 있는 비급여 수가를 올려서 병원 수익을 올리기도 함

기보다 공공병원 자체가 많지 않으니 인기 경쟁을 해 볼 기회를 못 만났음이 더 정확한 표현이다.

공공의료 역사

:

이전부터 공공병원이 절대 열세였던 건 아니다. 한동안 공공병원이 의료를 주도한 적도 있으나 그건 아주 오래전 일이다. 공공병원에 투자하고 강화하려는 정책적 노력의 부재로 공공병원은 쇠락의 길을 걸었고 민간이 투자하여 설립하는 사립 병원들이 전성기를 구가한다.

이처럼 민간 주도 의료 공급 체계가 이루어진 역사적 배경은 어떠한가? 우리나라에 서양식 의료가 도입된 지 백 년이 넘는다. 서양의 선교사들이 구한말 조선 사회에 처음으로 서양식 현대 의료를 제공한다. 조정의 신임을 얻으면서 공공 성격의 초기 병원들이 설립된다. 일제강점기로 넘어가면서 일제는 자신들의 선진 의료를 과시하고 식민지에 들어와 사는 자국민을 보호하기 위해 자혜의원이라는 이름의 공립병원을 전국에 설립한다. 이게 지금 지방의료원의 모태다. 일제가 현대식 병원을 설립한 것은 식민 지배를 원활하게 하려는 방편이었다.

해방 후 미군정이 시행되면서 미국식 의료 체계가 도입되고 이게 이후 우리나라 보건의료 방향을 결정짓는다. 미국식 의료의 근간은 자유방임이다. 주지하다시피 미국 의료의 특성은 민간 주도다. 공보험조차 없어 의료비로 파산하는 시민이 허다하다. 정부가 의료 공급 책임을 지지 않는 게 미국 의료의 특징이다. 이런 정책 방향이 해방 후 우리나라 보건의료 관료들의 의식을 지배한다. 병원에 대한 공적 투자를 꺼리는 이유다.

해방 후 의료 공급의 공백을 일제강점기에 설립된 자혜의원에서 전환한 지방의료원들이 메운다. 민간에서 사립 병원 설립이 활발해지나 공공병원 설립은 정체된다. 1970년대까지 그래도 공공병원이 우세했지만 이후 민간 우세로 바뀐다. 1970년대 말 의료보험이 도입되면서 의료 수요가 증가하고, 늘어나는 의료 수요에 맞추기 위해 사립 병원들이 폭발적으로 증가한다. 1980년대 말에는 현대를 필두로 한 재벌들의 병원 계열 진입이 현실화한다.

공공병원은 일제강점기에 세워진 자혜의원이 지방의료원으로 전환하거나, 한국전쟁 기간 미군이 대민 구호를 위해 설립하였으나 나중에 지방의료원으로 전환한 경우,[6] 해방 후 설립된 지방의료원[7] 들이 지금 지방의료원의 근간이다. 이 외에 군병원, 경찰병원, 보훈병원, 산재 병원 등 특수 목적의 공공병원

---

6. 경기도의료원의 포천병원 파주병원 의정부병원이 여기 해당
7. 해방 후 1960년대 초까지 9개 지방의료원이 신설. 1964년 제주의료원 서귀포 분원을 마지막으로 중단되었다가 시민 발의 조례에 의한 성남시의료원이 2020년도에 개원

들이 필요에 따라 설립되었다. 지금 공공병원 수는 전체 병원 수의 5~6% 수준까지 떨어졌다.

오히려 오래된 공공병원을 비효율과 수익성 저하라는 이유로 폐쇄하기도 하였다. 100년 이상의 역사를 지닌 진주의료원이 당시 홍준표 경상남도 도지사에 의해 폐쇄되는 '사건'이 벌어진다. 이유도 설득력이 떨어질뿐더러 대안도 마련하지 않은 채 일방통행식으로 처리되었다. 진주의료원이 폐쇄되는 과정에서 중앙정부는 지방 사무라는 이유로 방관하였다. 제도적 허점도 물론 있지만 공공의료 관련 정책 의지의 부족에서 비롯된 사건이기도 하다. 준공공병원이라고 볼 수 있는 적십자병원도 유지를 못 해 계속 축소된다.

우리나라 최초 서양식 병원인 관립제생의원官立濟生醫院. 부산의료원의 전신

반면 공공병원 설립은 미미했다. 산발적으로 공공병원이 설립된 적은 있지만 흐름을 형성하지 못했고 대중적인 관심을 끌지도 못했다. 그러다 성남시에서 처음으로 시민이 주체가 되어 공공병원 설립 운동을 추진한다. 시민 발의로 성남시의료원 설립 조례가 제정되고, 이에 따라 실제 병원이 개원한다. 우리나라 공공병원 역사에서 획기적인 사건이다. 성남시의료원 설립 운동은 다른 지역에도 영향을 미쳐 공공병원 설립이라는 하나의 운동 흐름을 형성한다. 코로나 팬데믹을 겪으며 공공병원과 멀리 떨어진 지역의 고통이 현실화하면서 공공병원의 역할이 대중에게 각인되었다.

최근에 정부가 내놓은 공공병원 확충 방안은 전국을 70여 개 지역으로 나눠 지역마다 공공병원 중심으로 거점병원을 확충하는 방안이다.[8] 이전부터 논의해 온 안인데 지지부진하다가 코로나 팬데믹을 계기로 추진력을 얻는 듯하다. 그러나 기본적으로 정부의 정책 의지가 미약한 데다 정권 교체 후 원래 계획대로 얼마나 실행될지 의문이 든다.

해방 이후 공공의료를 확대하거나 강화하겠다는 정책 의지가 실행된 적을 찾기 어렵다. 보건의료 시스템의 취약성은 여기서 비롯된다. 코로나 팬데믹으로 공공의료 취약성으로 인한

8. 전국 70개 중진료권에 책임 의료기관을 지정한다는 내용. 현재 27곳에 공공병원 부재. 중진료권은 3-4개 지자체를 한 권역으로 묶어 말하는 정부 공식 용어임

피해를 체감하면서 지금에야 비로소 그 필요성을 절감한다.

의사 파업과 공공병원

:

공공병원 강화에 대한 정책 의지가 약한 것은 공공병원과 민간병원 사이에 큰 차이가 없다는 정책적 판단 때문이다. 같은 병상이고 수가 제도를 통해 치료비를 통제하므로 어느 정도 의료비 상승을 막을 수 있다고 판단한다. 굳이 공공병상 확대를 위해 공적 자금을 투자할 이유를 못 찾겠단다.

그러나 공공병원의 존재 의의와 역할을 일깨우는 사건이 일어난다. 바로 2000년에 벌어진 대규모 의사 파업과 2003년 사스 전염병 유행이다. 이를 계기로 적어도 공공병원 무용론을 옹호하는 목소리는 작아진다. 그렇다고 공공병원 설립이 본격화한 건 아니다.

2000년에 들자 의약분업을 두고 의사와 정부 간에 긴장이 고조된다. 의약분업 실시에 상당한 위협과 위기감을 느낀 의사들은 의사 파업이라는 극단적 행동으로 나아갔다. 1년 동안 의료계는 의약분업과 파업이라는 이슈로 몸살을 앓았다. 의사들과 의료기관들은 의약분업 찬성과 반대, 파업 참여와 불참을 두고 격렬히 논쟁한다. 실제 1차 의료기관들의 파업, 대형 병원들의 태업, 전공의들의 의료 현장 철수 등으로 전국이 혼란에 빠진다.

그러나 당시 내가 근무하던 국립의료원[9]은 다른 긴장감에 휩싸였다. 공공병원이라는 특성상 다른 병원들과 달리 의사들 사이에서 파업 실행 얘기가 많이 오가지는 않았다. 파업을 옹호하는 주장이 일부 나왔으나 국립의료원은 결국 의료 현장을 지킨다. 전국에 산재한 지방의료원들도 마찬가지였다.

대학병원 같은 대형 병원들은 무리가 따르는 파업보다는 태업 쪽을 택한다. 공공병원인 서울대병원도 진료 시간을 축소하고 시술이나 수술을 연기하는 등 태업을 이어갔다. 이런 상황이다 보니 시술이나 수술이 늦어지고 입원이 안 되는 경우가 많아지면서 환자들이 다른 병원을 찾아 나서는 전국적 대이동이 일어난다.

국립의료원에 환자들이 몰려들었다. 대학병원에서 암 수술이 늦어지자 수술받기 위해 찾아오고, 합병증이 심해 위독한데 다니던 대학병원에서 입원시켜 주지 않아 국립의료원으로 찾아온다. 국립의료원이 파업에 참여하지 않은 건 보건복지부 직속 의료기관이기 때문이었다. 정부의 방침에 저항 가능한 위치

—
9. 국립의료원은 한국전쟁 이후 재건 과정에서 스칸디나비아 3국(노르웨이 스웨덴 핀란드)의 지원을 받아 1958년에 설립. 스웨덴은 한국전쟁 발발 후 1950년 9월 부산에 스웨덴 적십자야전병원(서전瑞典병원)을 설립하여 1957년 4월까지 6년 7개월 동안 유엔군, 국군, 민간인 외에도 중공군, 북한군 들을 가리지 않고 치료. 그 기간 200만 명 이상을 무상 치료. 전쟁 후에도 스웨덴은 같은 의료지원국인 노르웨이 덴마크와 공동으로 서울에 국립의료원을 설립해 한국의 공공의료 체계 재건에 앞장섬_김성한 「[기고] 이제 우리가 응답할 차례다」 『국제신문』 2018.10.25

한국전쟁 당시 부산 스웨덴 야전병원

가 아니다. 엄밀하게 말하면 관료적 통제가 가능한 병원이라는 뜻이다.

의사 파업에 의료계가 광범위하게 참여하여 전국의 의료 현장이 마비되면서 복지부 관료들은 정부가 통제 가능한 공공병원의 중요성에 대해 인식하게 된 듯하다. 의료정책 집행 과정에서 협조는 아무래도 공공병원 쪽이 낫다고 생각하게 된다.

의약분업의 의미는 다양하게 해석 가능하다. 약물 오남용을 줄이는 문제, 환자 편의성 문제, 병원의 직접적인 수익과 관련한 문제 등이 복잡하게 얽힌 상태였다. 그중 의료계의 단체 행동을 촉발한 일차 원인은 의약분업에 따른 수익 감소 위기감이다. 그동안 누적된 정부 통제에 대한 불만도 이유의 하나다.

의사 파업은 민간 주도의 의료 공급 체계라서 확대되고 장시간 계속되었다. 공공병원이 절반 정도 된다면 의약분업으로 수익이 감소한다고 그리 민감하게 반응하지 않고 파업 자체가 그렇게 전면화하지 않았다. 의사 파업 태풍 속에서 동료들의 비난을 감내하며 공공병원들은 현장을 지켰다. 파업 와중에 공공병원 역할이 잠시 부각하지만 지나고 나면 원래 그대로였다.

당시 의사 파업을 겪으면서 의사들은 상당히 정치화한다. 의사들의 전문주의가 관료들에게 통제되어 훼손된다는 피해 의식이 광범위하게 퍼진다. 다양한 직역 중에서도 개원의들의 불만이 가장 높았다. 의사들을 대표하는 대한의사협회(이하 의협)는 이전에는 주로 대학교수들이 이끌어 왔으나 점차 개원의들이 주도한다. 극우 행동파였던 최대집[10]이 의협 회장에 당선된 때가 정점이다. 그는 코로나 팬데믹 기간 당시 정부와 대립각을 세우고 비판에 앞장선다. 의협 회장직에서 물러나서는 대통령 후보로 나서기도 했다.

코로나 유행이 한창이던 2020년 8월 의협은 의사 총파업을 단행한다. 의대 정원 확대 및 공공의료대학 설립 반대가 가장 큰 이유였다. 우리나라 인구당 의사 수는 OECD 국가들과 비교해 적고 그마저도 대도시에 집중, 인기 과에 편중되었다. 이러

---

10. 해방 후 활동했던 극우 단체인 서북청년단 정신을 계승해야 한다고 주장, 박근혜 대통령 탄핵을 결사 반대한 인사

한 고질적인 의사 부족과 취약한 공공의료를 확대하고자 내놓은 정부의 정책에 의사들이 전면 반기를 든 셈이다. 이번 파업에는 전공의를 비롯하여 의대생까지 가세하면서 청년 의사들의 참여가 두드러졌다.

의사 수 증원과 공공의료 확대는 이들에게 미래의 경쟁이 더 치열해질 것임을 시사했다. 젊은 의사들은 공공의료 확대를 일자리의 증가가 아닌 경쟁자의 증가로 받아들인다. 이미 고착된 의료 공급의 1:9 체제에서 의사들의 마인드 자체가 공공성보다는 전문주의에 치우치면서 명시적이지는 않으나 수익성이라는 경제적 이해에 민감하게 영향을 받는다. 그 결과 의사 사회에 공공의료에 대해 우호적이지 않은 분위기가 형성된다.

전염병 대응 최전선 공공병원

:

2003년 2월 노무현 정부 출범 후, 3월 들어 홍콩에서 유행병이 돌고 있다는 뉴스가 뜬다. 홍콩과 인적 왕래가 잦은 우리나라는 긴장할 수밖에 없다. 어찌 보면 사스의 국내 유입은 시간 문제였다. 정부가 출범하고 한 달도 지나지 않아 전염병 경보가 발령된다. 당시 고건 총리가 대국민담화를 발표하고 범정부 차원의 종합상황실이 출범한다. 방역 실무는 국립보건원의 방역과에서 담당한다. 이때는 지금의 질병관리본부 발족 전이다.

지금은 너무 익숙한 음압 격리가 당시에는 생소한 개념이었다. 우리나라에서 음압 격리 병실이 있는 병원은 인천에 있는 대학병원 한 군데라고 이야기되었다. 전염병 전담병원으로 지정된 곳도 존재하지 않았다. 초유의 사태였다. 결국 국립의료원이 사스 방역을 위한 전담 기관 역할을 맡는다. 음압 격리 병실이 없을뿐더러 감염병 환자 진료를 위한 전문 인력이 부재한 상황에서 홍콩 경유 인천공항 도착 입국자 중 발열이 확인된 환자들이 우선 이곳으로 후송되었다.

국립의료원이 의심 환자를 다 맡을 수는 없었다. 공공병원 중심으로 사스 의심 환자 격리병원이 지정된다. 서울에서는 공공병원인 서북병원, 강남병원"이 지정되었다. 동부병원은 인근 주민들의 반대로 홍역을 치러야 했다.

지방의 사정은 더 열악했다. 지방의료원들이 차출되었다. 이 병원들은 정부가 장기간 방치를 하다시피 하여 인력도 시설도 강력한 전염병을 다룰 태세를 갖추지 못했다. 대학병원 정도가 되어야 제대로 대처 가능했다. 여건이 어려운 지역은 국립대 병원들이 일부 참여하기도 하였으나 사립 대학병원들은 대부분 빠져나갔다.

사스 방역은 운이 좋아 한바탕 소동으로 지나갔다. 국내 인명

11. 2006년 서울의료원으로 이름을 바꾸고 2011년 중랑구 신내동으로 이전

피해는 나타나지 않았다. 사스 방역 경험은 이후 전염병에 대처하는 중요한 선례로 남는다. 이후 국립의료원과 지방의료원이 전염병 전담병원 역할을 담당하는 게 관례로 굳는다. 이때의 선례는 신종플루, 메르스, 코로나19로 이어진다. 전염병 재난에서 사립 병원이 못 맡을 공적 역할을 공공병원은 긴밀하게 수행 가능함을 입증했다.

한편 공공병원의 열악한 현실은 전염병 대처에 한계를 드러냈다. 재난 상황에서 그동안 찬밥 대접을 받아 온 공공병원의 역할이 눈에 띄다가 재난이 지나면 모두가 언제 그랬냐는 듯 과거로 돌아간다. 다만 의사 파업이나 사스 방역 경험을 거친 보건 공무원들은 공공병원의 필요성과 역할에 대해 뼈저리게 실감했을 법하다.

신종 전염병이 유행하기 시작하면 아직 정체를 모르기 때문에 우선 환자를 격리 조치한다. 격리 병동은 보통 음압 병실 설비와 병동 운영 인력도 갖추어야 한다. 일상적인 준비와 훈련이 필요하다. 재정, 인력, 공간 부담이 있는 분야여서 민간병원들은 꺼린다. 사스, 신종플루, 메르스 유행을 지나면서 주로 공공병원 중심으로 격리 병동을 설치 운영해 왔다.

코로나라는 신종 전염병이 유행하자 공공병원이 본격적으로 작동한다. 코로나 첫 환자는 인천의료원에서 입원 치료를 받는다. 사실 준비된 격리 병동 존재 외에도 행정 집행이 손쉽다는 이유로 국립중앙의료원, 지방의료원 들이 코로나 진료 최일선으로 내몰린다. 공공병원은 공무원 조직에 준하기에 정부 지침에 따라 신속하게 대응해 나간다. 따라서 공공병원이 많을수록 행정 입장에서는 운용이 용이하다. 그만큼 전염병 대응에도 유리해진다.

유행병의 규모가 커지지 않으면 공공병원 범위 내에 마무리하고 종결 가능하다. 메르스 때는 공공병원 중심으로 확산을 막았다. 공공병원 규모는 곧 전염병 대응 역량과 비례한다. 알다시피 우리나라 공공병원 규모가 미약하여 전염병이 이상 규모로 확산하면 금방 한계에 봉착한다. 공공병원 병상만 쥐어짜다 보니 공공병원이 다른 진료는 중단하고 전염병 업무에 매달리면서 일반 비코로나 환자와 공공병원을 많이 이용하는 취약계층들이 피해를 본다.

코로나 팬데믹 기간 중 몇 차례 대유행 피크 때 공공병원들이 총동원되면서 이들 병원의 업무는 파행을 빚는다. 결국에는 전염 확산이 거세지면서 공공병원의 역량 범위를 벗어나게 된다. 나중에는 행정 명령을 통해 민간병원을 동원하나 민간 부문을 추동하려면 경제적 유인을 제공해야 하는 부담이 따른다. 재정 지원을 한다고 해서 바로 준비가 되는 것도 아니다.

우리나라에서 대구 경북 지역 1차 유행 때 이 지역에 일반병상이 많음에도 불구하고 공공병원이 적고 격리 병상이 부족하여 환자를 다른 지역으로 이송하는 상황이 발생한다. 이런 현상은 환자가 급증하는 유행기마다 반복된다. 팬데믹 초기 우리나라에 이어 이탈리아 지역에 유행이 퍼지면서 환자가 급증하고 사망자도 속출한다. 의료 선진국인 이탈리아조차 전염병 대응에 많은 허점을 드러낸다. 이탈리아가 코로나 대응에서 고전한 이유로 금융위기 이후 의료에 대한 투자를 줄여 공공성이 축소되면서 전염병 대응력이 떨어진 점을 들기도 한다.

사스, 메르스 유행 때와 마찬가지로 코로나 팬데믹으로 공공병원은 다시 관심의 대상이 되었다. 공공병원이 없는 지역은 애먹고 고전한다. 진주의료원이 폐쇄된 서부 경남 지역주민들은 코로나로 진단을 받고 마산의료원까지 실려 가야 했다. 시 조례로 설립된 성남시의료원은 개원과 거의 동시에 코로나 진료에 매진하면서 지역에서 자기 역할을 수행한다. 팬데믹이 주민들에게 스스로 공공병원의 필요성을 피부로 체감하는 기회를 제공했다. 코로나 팬데믹을 계기로 공공병원 설립에 대한 요구들이 여러 지역으로 확산한다. 정부도 적극적인 의지를 밝혔다.

전염병 대응이 공공병원에 집중되었으나 공공병원의 비중이 적고 역량이 부족하다 보니 전반적으로 부실한 대응이 될 수밖에 없었다.[12] 지방의료원은 중환자 치료 능력에 한계를 보였다. 중증 코로나 환자 치료에 빨간불이 켜짐에도 중환자 대응 역량을 갖춘 사립 대학병원들은 시종일관 방관한다. 2021년 하반기 델타 변이 바이러스 확산으로 병상 부족이 현실화하자 정부는 민간병원에 행정 명령을 내려 200병상 이상 코로나 병상을 준비하도록 했다. 민간병원들을 동원하기 위해서는 재정적 인센티브 제공이 필요했다. 병상을 제공한 병원에 치른 손실보상금이 수조 원대라고 한다.

코로나 같은 전염병은 공공병원이 책임져야 한다는 공공병원 책임론이 사립 대학병원과 일부 언론들 사이에서 끊임없이 유포되었다. 공공병원들이 모두 책임지라는 요구였다. 그러기에는 유행병 규모는 심히 크고 공공의료는 너무 취약했다. 막상 공공병원을 확대 강화하고자 할 때 이들이 과연 얼마나 적극적으로 목소리를 낼지 의문이다.

진주의료원과 적십자병원 폐업

:

2013년 2월 26일, 홍준표 경상남도 도지사는 진주의료원 폐쇄를 선언한다. 신축 이전한 지 5년밖에 되지 않은 공공병원을

---

12. 2020년 대유행 초기에는 전체 병상 10%의 공공병원이 코로나 환자 80% 정도를 담당

수익성이 없다는 이유로 문을 닫는다는 것이다.[13] 박근혜 정부 출범 직후여서 정부의 공공의료에 대한 의지도 동시에 도마 위에 오른다. 적자 누적과 강성 노조를 폐쇄 원인으로 지목하고, 공공병원의 역할은 민간병원이 대신할 수 있다는 명분을 내걸었다.

강력한 반대에 직면했지만 결국 100년 역사[14]의 진주의료원은 문을 닫는다. 경상남도에는 진주의료원과 마산의료원 두 군데 지방의료원뿐이었는데 그중 하나를 폐쇄하면서 서부 경남은 의료 공백이 불가피해진다.

도민들의 공공병원에 대한 요구는 진주의료원 재개원 논의로 이어진다. 새로 취임한 김경수 도지사는 이 문제를 도민 공론화위원회를 통해 매듭짓고자 했다. 필자는 2020년 초반 이 공론화위원회 자문과 준비에 참여하면서 지역의 분위기를 잠시나마 체감했다.

지역 의료계는 공공병원 설립을 강력한 경쟁자의 등장으로 인식하기에 경계 분위기가 역력했다. 공공병원이 수행하는 역할을 민간병원들이 얼마든지 대신 감당 가능하다는 논지로 말이다. 그러나 공공병원과 민간병원 사이에는 넘지 못할 간극이

---

13. 신축한 병원의 위치는 도심에서 거리가 멀어 입지 조건이 수익을 올리기에 불리한 상황이었음
14. 2014년 기준으로 100년 넘는 역사를 갖는 지방의료원은 11개소. 진주의료원은 1910년 설립된 진주 자혜의원에서 출발. 경상남도의 다른 지방의료원인 마산의료원은 1922년에 설립됨

존재한다.

그중 한 가지가 익히 느끼는 전염병 업무다. 격리 병동은 평상시 쓰이지 않는 시설인데 유지 비용은 들어가니 공간 활용 측면에서도 불리하다. 민간병원들이 꺼리는 분야다. 이를 민간병원들 스스로 잘 안다. 공교롭게도 정식 공론화위원회가 돌아가던 때가 코로나 팬데믹이 막 시작될 무렵이었다. 당연히 공공병원의 공백이 아쉬웠다. 서부 경남지역에서 확진된 코로나 환자들이 동부지역에 있는 마산의료원으로 이송된다.

서부 지역주민들에게는 상당한 상실감으로 다가왔다. 같은 지역 사립 병원도 부담스럽기는 마찬가지였다. 진주의료원이 존재했다면 전염병 관련 업무를 도맡았을 텐데 지금은 민간병원이 담당하는 걸 피하기 어려운 상황이었다. 2020년 6월 공론화위원회 도민참여단은 전체 투표 결과 95.6%의 압도적 찬성으로 공공병원 신설을 결정한다. 원점으로 돌아가 진주의료원 폐쇄가 얼마나 잘못된 결정이었는지를 되돌아보게 한다.

적십자병원의 폐업 소식도 안타까운 일이다. 적십자사가 운영하는 적십자병원을 공공병원으로 보는 인식도 있지만 엄밀하게 따지면 민간병원이다. 공익적인 민간병원인 셈이다. 적십자병원은 1905년 서울에 처음 개원한 이래[15] 1974년 백령병원

---

15. 대한적십자병원의 공식적인 운영 기간은 1905년 9월부터 1907년 10월 대한의원에 합병되기 전까지임

에 이르기까지 모두 16개가 설립되었다. 하지만 이들 병원 가운데 11개가 차례로 문을 닫거나 통폐합되었다.[16] 경영 적자가 가중되면서 병원 유지가 어려운 상황에 내몰린다.

적십자병원은 병원 특성상 주로 저소득층, 소외계층 진료를 담당하면서 경영 적자가 누적되었다. 정부도 이들의 폐원을 그대로 방치한다. 공공병원이 위축되었던 것과 같은 이유다. 지방의료원들이 정체되고 적십자병원이 폐원하는 동안 민간병원들은 계속 확대되어 통계상으로 보이는 의료 공백은 급속히 감소한다. 외부에서 볼 때 의료 소외 해소로 비치나 취약계층의 의료 소외는 쉽게 해소되지 않았다.

적십자병원 적자는 적십자사 회비와 후원금으로 충당한다. 수익성을 우선하지 않아 발생하는 적자라서 경영을 합리화해서 해결하기가 어렵다. 자체 경영으로 해결하려면 진료 방향을 틀어서 수익성 위주로 재구성해야 한다. 병원이 계속 공공성을 담보하려면 병원 매출 이외의 재원 조달이 필요하다. 적십자사 자체의 지원이거나 정부 또는 지방자치단체로부터의 지원이 그것이다.

그러나 정부 지원은 미비했고 경영 어려움으로 병원이 문을

16. 부산 적십자병원은 1986년, 춘천 적십자병원은 1987년, 전주 적십자병원은 1991년, 대구 적십자병원은 2010년에 폐원. 목포 적십자병원은 1994년 목포전문대학 부속 병원으로, 백령 적십자병원은 1995년 2월 가천의대 길병원으로, 광주 적십자병원은 1996년 5월 서남대학교 부속 병원으로 통합

닫을 때도 정부는 끝내 외면한다. 의지를 보였다면 정부나 지자체가 인수하여 직접 운영하는 방식도 가능했다.

공공병원의 현실

:

공공병원 현황에서 공공병상 절대 부족이 일차 문제임은 누구도 부정하기 어렵다. 의료 자체가 부족했던 시절에 정책 담당자들은 공공의료 확충을 위해 노력하기보다는 민간에 의존하는 정책 방향을 유지하였다.[17] 이는 민간이든 공공이든 별로 다르지 않다는 인식에 바탕을 둔 것으로 그 결과는 앞서 언급한 바와 같이 민간 부문의 절대 우위에 기반한 불안정한 의료 공급 체계로 귀결되고 이후 보건의료 정책 과정에 여러 가지 문제점을 안겼다.

민간 주도의 공급 체계가 확대되는 동안 공공부문 공급은 정체하거나 오히려 축소된다. 민간 부문이 피를 말리는 경쟁 속에서 생존을 위해 끝없이 자기 혁신을 이루는 동안 공공부문은 혁신은 둘째 치고 과거의 질적 수준을 유지하기도 버거운 현실이다. 공공부문에 대한 공적 투자는 정체하고 유능한 인재들은

---

17. 정부는 사립 병원 설립을 독려하기 위해 시중은행 자금 지원과 세금 특혜를 줌. 1991년부터 6년 동안 약 6천억 원을 4만여 민간 병상 신증설에 투여. 현재 민간 종합병원의 약 77%가 비영리 법인으로 소득세, 상속세, 양도세, 재산세 등 거의 10가지의 세금을 면제 또는 감면받음_신영전 「[신영전 칼럼] 왜 5.7% 공공병원이 마른 걸레 쥐어짜듯 코로나 환자 전담하나」『한겨레』 2022.4.12

공공병원을 떠나가고 시설 장비는 낙후한다.

급기야 환자들도 공공병원을 떠나기 시작한다. 공공병원들은 점차 어두컴컴한 이미지로 비췄고 지리적 경제적 이유로 어쩔 수 없이 가는 차선의 선택지로 남는다. 가난한 취약계층이나 노숙인들이 주로 이용하는 허름한 병원이라는 인식이 고착된다.

자기 혁신을 기대하기 어려운 내부구조가 오늘날 공공병원의 자화상이다. 수익성을 앞세운 민간 주도의 의료시장에서 공공의료가 살아남을 거라고 장담하기 어려운 지경까지 내몰렸음을 부정하기 어렵다. 공공병원에 남은 것은 만성 적자와 심각한 누적 부채 그리고 어떻게 되겠지 하는 타성과 사회적 외면뿐이다. 그동안의 부채는 사회적 동의를 얻어 공공자금으로 해결한다 해도 내부 타성과 외부의 외면은 쉽게 해결하기 어려운 과제다. 공공의료라는 명분만 가지고 사회적 외면을 극복하기에는 솔직히 버거운 현실이다.

공공병원 적자를 둘러싼 논란

:

공공병원의 대표 격인 지방의료원들은 대부분 적자다. 우리나라 의료 환경에서는 적자를 면하기 어렵다. 흑자를 냈다면 뭔가 지독한 경영책을 썼다고 보는 편이 맞다. 적자를 보는 시각은 다양하다. 민간에서 맡기 꺼리는 수익 못 내는 필수 의료를 공공병원이 맡아 유지하는 데서 발생하는 적자는 '착한 적자'로 인정하자는 분위기가 우세하다,

그 대표가 전염병 관련한 격리 병동과 인력 운영이다. 사스, 신종플루, 메르스 유행과 같이 전염성 강한 질병이 유행할 때 민간병원들은 감염 환자를 기피한다. 전염병 환자를 입원시켜 치료할 격리병실 설치와 운영에 드는 비용을 투자하기도 쉽지 않을뿐더러 이런 환자를 입원시킬 경우 다른 일반 환자들이 병원을 빠져나가기에 이에 따르는 손실을 감당하기 어렵다. 결국 공공병원의 몫이 된다.

전염병이 아니더라도, 수익성이 적지만 필수로 갖춰야 하는 의료는 공공병원이 떠안는다. 이런 영역에서 발생하는 적자는 어찌 보면 당연하다. 그리고 공공병원은 적정 진료를 추구해야 하는 지향성을 갖기에 수익성을 추구하는 민간병원에 비해 같은 진료에서도 매출이 매우 적다.

건강보험이 적용되지 않는 비급여 분야는 병원들이 독자로 수가를 결정하기에 여기서 수익을 올리는 기형적 구조가 고착된다. 대학병원의 경우 다인실 병실이 나질 않아 일단 고가의 1인실에 입원했다가 나중에 다인실로 옮기는 상황을 경험한 환자들이 많다. 다인실 수요가 많은데 굳이 수요 이상으로 1인실을 더 설치하는 건 병실 차액이라는 비급여 수익을 올리기 위

한 이유도 크다.

공공병원의 '착한 적자' 발생은 구조적 원인을 배경으로 삼기에 피하기 어렵다. 그러나 공공병원 적자가 온전히 착한 적자라고 보기는 어렵다. 그렇다고 정말 착한 적자와 그렇지 않은 적자를 정량적으로 명확하게 구분해 내기도 쉽지 않다.

민간병원은 어디서도 지원을 못 받으므로 수익성을 우선하게 된다. 수익이 안 나는 영역의 진료는 과감하게 포기하고 수익이 나는 진료 영역으로 채우게 된다. 의료진에게 매출을 독려하는 분위기를 당연시한다. 이에 순응하지 못하면 도태된다.

공공병원은 민간병원과 비교해 이러한 매출 압박이 덜하다. 수익성이 낮은 필수 의료, 적정 진료가 공공병원의 책무다 보니 전체적인 분위기 자체가 느슨하다. 경영진도 그렇지만 의료진들도 마찬가지다. 민간병원의 매출 압박을 피해 공공병원으로 피신한다는 얘기도 나온다. 때문에 정말로 공공의료를 위한 사명감을 가지고 일하는 의료진부터 여유로움을 원하는 의료진까지 구성이 다양하다.

민간병원과 비교해 전체적으로 긴장감이나 치열함이 떨어지게 된다. 심지어 공공병원을 게으른 병원이라고 빗대는 말도 들린다. 의사 급여는 대체로 민간병원보다 낮은 수준이지만 대신 업무 강도도 낮으니 그런 근무 조건을 선호하는 의사들이 모이기 마련이다. 열심히 일해서 많이 벌기를 원하는 의사들의 공공병원 선호도는 낮은 편이다.

이런 데서 발생하는 적자 요인도 무시하기 어렵다. 상대적인 게으름 또는 느슨함에서 발생하는 적자다. 이는 공공병원 의료인력의 구성, 경영 원칙으로 해결해 나가야 한다. 공공의료 신념과 사명감을 갖춘 의료인력이 많이 모여 공공병원에서 제 역할을 맡도록 하는 데는 경영진의 지원이 반드시 필요하다.

여기서 민간병원의 노동 강도 적절성에 대해서도 짚어 봐야 한다. 급여가 높아 상대적으로 노동 강도가 강할 가능성을 갖지만 전반적인 사회 기준에서 벗어난 것이 사실이다. 공공병원의 느슨함에 대한 평가도 상대적이므로 적절성에 대해서는 좀 더 넓은 시야에서 바라보아야 할 듯하다.

관료주의와 비효율
:

공공병원의 경쟁력이 사립 병원보다 낫다고 평가하기 어렵다. 코로나 팬데믹 같은 재난 상황에서 공공병원들이 지대한 역할을 수행했음에도 후한 점수를 주기에는 부족하다. 재난 상황에서 공공병원이 주목받는 것은 일상 시기에 전혀 관심 대상이 되지 못함의 반증이다.

경쟁력 저하의 핵심은 관료주의와 비효율성에서 기인한다. 이것은 오랜 기간에 걸쳐 형성되어 구조적으로 고착되었을 가능성이 커서 그만큼 새로워지기 어렵다.

관료주의는 공공병원이라는 특성에서 비롯되었다. 병원 특성상 공공의 통제를 받아야 하고 공공을 대리하는 통제의 주체가 관료라는 한계를 갖는다. 관료여서 문제가 아니라 관료의 부정적 측면이 두드러져 문제다. 병원 경영이나 운영에서 일반 정부 조직을 대하는 방식을 답습하면서 병원의 특수성을 쉽게 인정하지 않는 점이 운영의 유연성을 떨어뜨린다. 통제에 초점을 맞춘 공공의 관리 방식에서 비롯된 문제이기도 하다.

공공병원의 관료주의는 다양한 부분에서 나타난다. 몇 가지 경험과 사례들을 소개한다. 전에 근무했던 공공병원에서는 보건복지부 공무원이 파견 나와 병원 행정 책임을 종종 담당했다. 직업 공무원으로 정년이 1~2년 정도 남은 이도 보았는데 적절한 인사인지 항상 의문이 들었다.

그 정도 되면 행정의 달인이 되었을 테고 중앙부처와 인맥도 탄탄하므로 나름 유리하겠지만 병원이라는 특수한 조직의 장기 발전 계획 수립과 집행에 적합한지는 의문이다. 전문성도 문제지만 정년을 앞두고 현상 유지에 급급할 가능성이 더 크다.

공공병원에서 새로이 의료 장비를 들이려면 밟아야 하는 절차가 많다. 이게 정말이지 지난한 과정이어서 장비 구입을 신청한 의료진은 속이 탄다. 물론 세금을 집행해야 하는 상황이라 투명하고도 검증 가능한 절차가 꼭 필요하나 이게 우선순위 문제, 회계연도와 맞물린 예산 책정 여부, 예산 확보 문제와 얽히면서 진행이 마냥 늘어지기도 한다. 민간병원 같으면 무엇보다 장비의 수익성을 따져서 타산이 맞으면 신속하게 처리할 것이다.

인력 문제도 경직되는 예가 많다. 공공병원 인력은 종종 공무원 정원에 묶인다. 병원은 굉장히 노동집약적인 곳이다. 보호자 없는 병동을 설치하거나 병원을 신축 또는 증축할 때 간호사를 비롯하여 많은 인력이 필요하다. 그러나 공무원 정원에 묶여서 인력 충원을 제한하면 정상적인 업무가 어렵다. 이러한 인력 운용의 경직성도 공공병원 관료주의의 단면이다.

비효율도 공공병원 경쟁력 저하의 한 원인으로 지목된다. 공공병원의 비효율은 과도한 관료주의와도 맞물린다. 관료적 통제는 병원 운영의 특수성을 제약하고 유연성을 떨어뜨려 결과적으로 비효율을 극대화한다. 그렇다고 비효율의 원인을 관료적 통제로만 돌리기는 어렵다.

공공병원 내부에서 비롯된 비효율도 만만치 않다. 공공병원 내부 구성원들의 열의나 태도도 한번 돌아봐야 한다. 관료적 통제에 대해 제대로 그리고 적극적으로 저항하고 대안을 제시하기 위해 노력했는지 말이다. 공무원 사회에서 상부의 지시를 무시하지 못하더라도 병원이라는 조직의 특수성 그리고 환자 중심의 운영 원칙들에 대해 충분히 설득하고 대안을 찾기 위해 노력했는가 되돌아봐야 한다.

그리고 병원 내부적으로 효율성을 높이기 위해 얼마나 노력했는가도 살펴봐야 한다. 효율성을 높이는 일이 단지 노동 강도를 높이고 업무 부담을 늘리는 방향으로 작용하는 것은 아니다. 오히려 업무의 단순화, 기능의 재배치 등을 통해 업무 부담을 줄이면서도 환자 중심의 진료가 가능하다. 문제는 공공병원 내부에 공공 효율성을 추구하려는 추동력이 존재하는가이다.

사립 병원이라면 얼마나 효율적으로 수익을 증대시키겠느냐가 중요한 평가 잣대이다. 공공병원은 수익성만으로 평가하지 못한다. 환자 진료를 포함하여 공공 기능을 얼마나 효율적으로 수행하느냐가 평가 기준이 되어야 한다.

공공병원 원장 리스크도 돌아보아야 한다. 공공병원의 원장은 대개 공모로 뽑고 임기는 보통 3년이다. 인사추천위원회를 구성하고 지원자를 대상으로 심사해 2배수를 임명권자에게 올리면 임명권자가 최종 결정한다.

지방의료원장의 임명권자는 지방자치단체장이다. 그러니 임명권자 의중이 중요한 영향을 미친다. 대개 임명권자의 지인이나 피추천자가 물망에 오른다. 지방 선거에서 당선된 단체장이 공공병원장 임명권을 전리품 정도로 생각하기도 한다.

하여 원장이 임기를 다 채우지 못하고 하차하는 사례가 발생한다. 어찌 되었든 임명된 원장이 탁월한 경영 능력을 발휘해 공공병원의 위상을 높여주면 좋겠으나 그렇지 않은 경우들이 생긴다.

이런 중에도 혁신적 사고의 소유자가 원장이 되어 공공병원의 새로운 운영도 가능하지만, 반대로 엉뚱한 인물이 원장이 되어 병원 경영이 이상한 쪽으로 흘러가기도 하겠다. 원장 개인 자질에 따라 병원 경영의 원칙이나 흐름이 바뀌고 이에 대한 적절한 견제는 작동되기 어렵다.

공공병원이 효율적으로 운영된다고 저절로 공공성이 보장되는 것은 아니다. 공공병원이 제 역할을 제대로 수행하느냐는 평가는 공공병원 역할을 어떻게 규정하느냐에 따라 달라진다. 의료 공급이 절대 부족한 시기에는 병원의 존재 자체만으로도 충분히 공공 역할을 수행한다고 보겠다.

그러나 민간병원이 증가하면서 단순 진료 기능만으로 공공병원과 민간병원을 구분하기는 어렵다. 진료 효율성 면에서 민간병원들이 훨씬 앞서 나가기 시작했다. 자연스럽게 공공병원의 공공성 개념에 변화가 생긴다. 사립 병원의 진료비가 상대적으로 높아 경제적으로 어려운 취약계층이 공공병원을 이용하는 경우가 늘면서 취약계층 진료가 공공병원의 중요한 기능 중 하나로 자리매김한다.

지금도 이 역할은 중요한 기능의 하나로 여겨진다. 사립 병원은 진료비가 비쌀뿐더러 경제적 지불 능력이 큰 사람들을 선호한다. 경제적으로 취약한 사람들은 찬밥 대접을 받거나 외면당한다. 공공병원의 중요한 덕목 가운데 하나는 경제성 차이로 환자를 차별하지 않는다는 점이므로 사회 약자를 포용한다.

공공병원 민간 위탁 문제

:

공공병원은 수익성도 문제고 지방에서는 인력 확보도 문제가 되다 보니 병원 자체를 위탁하는 방안이 종종 등장한다. 외환위기가 결정적 계기로 작용한다. 공공부문에 대한 구조조정에 나서면서 수익성이 떨어지는 지방의료원을 위탁하는 방안이 대두되었다.[18]

대개는 대학병원에 위탁한다. 국립이나 사립 대학병원들이다. 대학병원이 그래도 국민에게 인기 좋고 운영을 잘한다고 알려져 지방자치단체장들은 골치 아픈 공공병원 운영을 대학병원에 위탁하곤 한다. 공공병원 이슈에서 크게 논란인 것 중

---

18. 마산의료원, 이천의료원, 군산의료원, 울진군의료원이 대학병원에 위탁되고 춘천의료원은 강원대학교에 매각됨. 서울에서는 보라매병원을 서울대병원이 위탁 운영, 서남병원은 이화여대병원이 위탁 운영

하나가 바로 이 위탁 문제다. 공공병원이 대학병원에 위탁되면 잘 운영되리라는 막연한 기대가 생긴다.

여기는 공공병원에 대한 뿌리 깊은 불신도 한몫한다. 필자도 국립 대학병원에서 위탁 운영하는 공공병원에 파견 나가 근무했었다. 이 병원은 태생이 시립병원임에도 직원들은 대학병원 직원으로서의 정체성을 더 강하게 지녔다. 병원 경영진의 사고도 비슷한 듯했다. 공공병원 역할보다는 대학병원 역할을 더 고민하는 모습이었다.

민간 대학병원에 위탁된 어느 공공병원은 대학병원과 지방자치단체가 계속 갈등만 빚다가 결국 위탁이 해지된다. 위탁을 맡은 대학병원은 대학병원 중심 마인드로 경영하게 마련이다. 지역사회에 대한 고민이나 공공성에 대한 고민보다는 대학병원 방식으로 진료에 몰두하고 심지어 본 병원의 이득을 위해 공공병원을 활용하기도 한다.

위탁 이후 공공성 악화가 뚜렷해지고 진료비 상승으로 주민들 부담은 커졌으며 필수 진료에 소홀해지면서 직원 사기가 떨어진다. 결국에는 위탁 비판의 목소리가 높아지고 대부분 직영으로 되돌아갔다.[19] 공공병원을 대학병원에 위탁하는 방식은 바람직한 모델이 아니다.

19. 문정주 「공공병원 민영화? 안 될 말!」 『작은책』 제323호 2022.5

대학병원은 대학병원답고 공공병원은 공공병원다워야 하는데 이게 뒤섞이면서 공공병원의 정체성에 혼란만 야기된다. 특수한 비상 상황이 아니면 위탁이라는 비정상적인 방식에 의존하지 않고 공공병원 자체로 발전을 모색하는 방안을 찾아야 한다.

위탁 문제가 나와서 성남의료원 사례를 언급하고 넘어가려 한다. 주민 발의로 시작된 성남시의료원 설립을 위한 최초 조례에는 성남의료원 운영을 '대학병원에 위탁하여야 한다'고 규정지었다. 이 규정은 당시 지방 정치의 타협 결과라고 하지만 공공의료를 정치의 흥정으로 삼은 아주 좋지 않은 선례. '위탁 가능하다'는 선택 조항이 아니라 '위탁하여야 한다'는 의무 조항은 위탁 문제를 바라보는 시각의 일단을 보여 준다.

조례가 제정되고 설립추진위원회가 조직된 후 나 역시 설립 준비에 참여했는데 준비하는 과정 내내 대학 위탁 문제는 뜨거운 감자였다. 우여곡절 끝에 이 조례는 바뀌지만 공공병원에 대한 불신, 대학병원에 대한 맹목적 과신을 배경으로 한다는 점은 우리나라 의료 현실을 반영한다.

고령화 시대로 접어들면서 고령자 대상 노인병원, 요양병원 그리고 요양원 등을 설립 운영하는 지방자치단체가 많다. 공공 투자를 통해 설립하였으나 운영 경험이나 인력이 부족하여 다른 의료기관이나 단체에 운영을 위탁하는데 대개는 민간병원에 한다. 이를 당연시하는 풍토다.

민간병원은 병원 운영에 대한 경험은 있으나 공공성에 대한 이해나 전망이 많이 부족하다. 공공성을 담보한 전문 경영인이 필요하지만 개인 역량에만 의존하면 한계를 갖는다. 공공병원 설립이나 운영, 인력 지원 관련 과제를 총괄하여 담당할 공단의 설립도 검토해 볼 만하다.

2장

민간 주도
의료서비스
공급 체계

민간 주도 의료 공급의 문제

:

우리나라 의료 공급 체계에서 가장 큰 문제는 공공의료 비중이 현저히 낮다는 점이다. 병상 수 기준으로 10% 약간 넘는 수준이고 병원 수 기준으로는 5% 약간 넘는다. 10개 병원 중 9개 이상이 사립 병원인 셈이다.

[그림1]은 우리나라 공공병상 규모를 OECD 국가 평균과 비교한 것이다. 2016년 기준으로 우리나라는 10.6%인 반면 OECD 국가 평균은 거의 90%에 육박한다. 우리나라와 정반대다. 대부분 병원이 공공병원이고 어쩌다 민간병원이 존재하는 상황이다. [그림2]를 봐도 주요 국가와 비교해 한참 뒤처진다. 의료 공공성이 취약하다는 미국도 공공병상이 20% 넘어간다. 공공병상의 의료 공급 주도가 선진국의 일반적인 모습이다.

과거 한때 공공병원이 사립 병원 수를 훨씬 앞섰다. 병원이 절대적으로 부족하던 시절에는 공공병원의 역할이 지대했다.

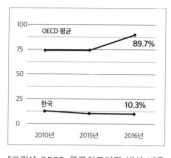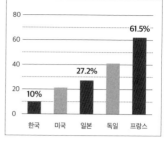

[그림1] OECD 공공의료기관 병상 비율
(2016년 기준, 단위 %)[1]

[그림2] 국가별 전체 병상 중 공공 병상 수
비율(2017년 기준, 단위 %)[2]

그러나 1970~80년대 들어 의료 공급 체계에서 민간 부문의 비중이 점차 증가하고 1980년대 말부터는 재벌들이 병원계에 진출하면서[3] 상황은 완전히 역전한다. 재벌 병원들이 재력을 앞세워 투자를 진행하자 다른 대학병원들도 이에 밀리지 않기 위해 병원 확충과 신설에 나선다. 이른바 병원계의 '군비경쟁'이 시작된다.

대학병원도 초대형 병원과 중소 대학병원으로 분화되기 시작한다. 빅5 병원[4]을 정점으로 하는 병원 생태계의 피라미드가

---

1. OECD, 2020 OECD Health Data 「공공병원의 현황과 민간 병원과의 차이점」 『헬스케어 디자인 매거진』 volume.06. 2020.12.30
2. OECD, 2020 OECD Health Data 「공공병원의 현황과 민간병원과의 차이점」 『헬스케어 디자인 매거진』 volume.06. 2020.12.30
3. 서울아산병원의 설립이 시작이고 삼성서울병원이 뒤를 이음. 대우그룹이 아주대병원 설립을 지원하고 두산그룹이 중앙대병원에 관여
4. 서울대병원, 연세대 세브란스병원, 가톨릭의대 서울성모병원, 서울아산병원, 삼성서울병원

형성된다. 현대, 삼성 등 재벌이 병원 설립에 나서면서 병원 문화도 크게 변한다. 권위적 문화가 지배하는 병원에 고객 우선 마인드를 장착한다. 환자와 가족들에게는 환영할 만한 변화였다. 당시 서울대병원이 세간에서는 최고의 병원으로 대우를 받았으나 서서히 그 명성에 금이 간다.

1990년대 초반 필자는 국립의료원에서 전공의 과정을 밟고 있었다. 스칸디나비아 3개국이 한국전쟁 후 복구 지원 과정에서 설립한 이 병원은 설립 초창기만 해도 북유럽의 선진 의료 교육이 가능한 창구로 여겨져 인기였다. 처음에 스칸디나비아 3개국에서 파견한 의료진이 운영하였으나 나중에 이들이 철수하면서 정부가 인수하여 국립병원으로 전환한다. 그러나 이후 공공 투자가 거의 이루어지지 않아 초창기 모습 그대로 머문다.

재벌의 병원계 진입이 가속화하자 당시 국립의료원도 곧 모 재벌에 매각된다는 소문이 돌고, 이런 상황이 몇 년 동안 계속된다. 당시 재벌에 넘어갔으면 지금의 국립중앙의료원은 존재 못했을 것이다. 그러나 한편으로 당시 병원에 근무하던 열의 넘치던 젊은 의사들 사이에 차라리 재벌에 매각되기를 바라는 분위기도 나타났다. 관료주의에 찌든 고리타분한 공공병원보다 재벌 병원이 그래도 뭔가 전망을 보였기 때문이다.

민간 부문의 확대로 의료 공급에서 절대 부족 문제가 해결되면서 오히려 대도시 지역에서는 병상 공급 과잉을 걱정하는 목소리가 높다. 병상 면에서 보면 대도시 지역은 오히려 병상 확대를 억제해야 하는 상황이다. 이런 흐름에서 공공병원 설립 의지는 약해질 수밖에 없다. 정부가 나서서 의료기관을 설립하지 않아도 되니 말이다. 공공병원을 짓는 데는 세금이 쓰이는데 민간에서 열심히 병원을 지으니 관료들은 부러 세금을 들여가며 공공병원을 지을 이유가 없다고 여긴 듯하다. 공공병원이나 사립 병원이나 다 같은 병원이니 별 차이가 없다고 판단한 결과다.

공공병원은 고사 직전 상황인데도 어디를 봐도 위기의식은 안 나타났다. 공공병원의 존재 이유가 명확하지 않은 게 가장 큰 원인이었다. 아픈 사람 치료를 민간이 운영하는 사립 병원이 훨씬 더 잘하는데 세금을 써가며 공공병상을 확충할 마땅한 이유를 못 찾았다. 현재의 공공병원도 폐쇄하거나 매각하려는 움직임이 일었다.

막대한 재정 투자가 필요한 공공병원 설립에 재정을 담당한 행정부서는 인색했다. 보건복지부의 정책 의지도 별반 신통치 않았다. 공공병원 확대 강화는 명분에 그쳤다. 참여정부 시절 공공부문을 30%까지 증가시킨다는 공약을 내걸었으나 결국 구체적인 노력을 보여 주지 못하고 끝난다. 오히려 공공병상 비율은 더 감소한다.

의료 공급이 사립 병원 중심으로 이루어지다 보니[5] 여러 가지 문제들을 양산한다. 우리나라 의료 문제의 상당수가 여기서 시작한다. 병원이라는 특성상 공공이라는 가치를 무시 못 하면서도 공공병원과 비교할 때 공공성에 대한 강조가 약해진다. 사립 대학병원은 사학 문제와 얽히면서 복잡해지고, 중소병원의 주를 이루는 의료법인도 개인 소유권에 좌지우지되는 때가 많다.

사회적 소유 형태를 유지하면서 공익성을 지향하는 병원의 비율이 현저하게 낮은 것도 문제로 꼽힌다. 물론 많은 병원이 비영리 법인이라는 틀에 묶여 형식적으로는 사회적 소유 형태를 따르면서 실질적으로 사적 소유의 한계를 벗어나지 못하는 현실이다. 실제 운영에서는 공공성에서 더욱 멀어진다.

우리나라 대부분 병원은 국가가 운영하는 건강보험의 통제를 받는다. 사립 병원이라고 예외는 아니다. 건강보험은 국민이 낸 보험료를 관리하면서 의료 이용에 따라 일정 비용을 의료기관에 지불한다. 수가라고 불리는 이 비용은 공공병원이나 사립병원이나 다르지 않다. 공적 통제의 한 방식이다. 사립 병원이라고 해도 의료비를 맘대로 책정 못 한다. 사립 병원들은 이런 공적 통제에 대해 반발하기도 한다.

이 수가가 넉넉하지 않아 사립 병원들도 항상 경영에 빠듯함

---

5. 사립 병원도 설립 배경이나 목적이 다양함. 대표적인 건 종교기관이나 사립 학교들이 설립. 의료인 개인이 설립한 곳도 많으며 재벌이 관여하는 병원들도 느는 추세

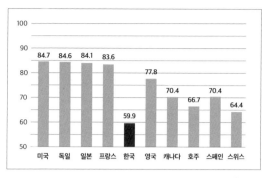

[그림3] 경상 의료비 중 공공 지출 비율(2018년 기준, 단위 %)[6]

을 느끼고 수익성을 확보하지 않으면 안정적인 경영을 보장하기 어렵다. 그래서 수익성이 없는 분야를 기피하게 된다. 필수 의료라도 병원 경영에 도움이 안 되면 계속 유지하기 쉽지 않다. 수익성이 보장되는 의료 분야를 중심으로 구성되는 사립 병원 구조는 시민들의 실제 의료 요구와 일치하지 않을 가능성이 크다.

건강보험을 적용하는 분야에서도 수익이 큰 쪽으로 몰리고 건강보험 적용이 안 되는 비급여 분야를 확대하게 된다. 결국은 전체 의료비 중 환자 부담률이 증가하고 상대적으로 공적 부담 비율은 감소한다. [그림3]은 경상 의료비 중 공공 지출 비율을 본 것인데 2018년 기준 우리나라는 59.9%다. 평균 70% 수준의 OECD 국가들과 비교하면 상당히 낮은 수준이다. 민간

6. 김정회 외 「공공의료 확충의 필요성과 전략」 건강보험연구원 「Issue Report」 2020.11

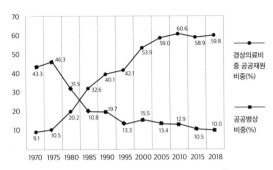

[그림4] 우리나라 공공재원 및 공공병상 비중 변화 추이[7]

의료가 주도하는 의료 공급 체계에서 환자 부담이 증가함을 보여 준다.

[그림4]는 의료비 중 공공 지출과 공공병상의 비율 변화를 같이 보여 준다. 의료비 중에서 건강보험을 포함한 공공재원 비중이 1970년대 10% 수준에서 계속 증가하여 60% 가까이 도달했다. 1970년 후반에 도입되어 시행된 건강보험이 확대 적용되면서 공공 지출은 꾸준히 증가한다. 지금은 더이상 증가하지 않고 비슷한 수준에서 정체한다. 반면 공공병상은 1970대까지만 해도 40% 수준을 유지하다가 이후 계속 감소하여 현재는 10% 수준까지 떨어졌다.

의료 인력과 관련해서도 사립 병원이 90% 이상을 차지하다

7. 김정회 외, 「공공의료 확충의 필요성과 전략」 건강보험연구원 『Issue Report』 2020. 11

보니 비례해서 보면 현장 의료 인력의 90% 가까이가 사립 병원에서 근무하는 셈이다. 병상으로 따진다면 더 많은 인력이다. 보통 일하는 현장과 자신의 마인드를 일치시키는 경향으로 볼 때, 의료 인력들의 마인드가 공공성 측면에서 취약할 수 있다. 의사들도 공공병원보다 사립 병원의 이해관계에 더 편을 든다.

민간 의료 과잉의 문제

:

대부분 의료서비스가 수익성을 추구해야만 하는 민간 영역에서 제공된다는 사실이 의료 시스템 전반에 걸쳐 나타나는 여러 문제의 중요한 배경으로 작용한다. 민간 의료의 기본 전제는 살아남기라서 병·의원의 설립 취지가 공익 목표를 지향한다 하더라도 우선으로 생존이 전제되어야 한다. 우리나라 건강보험 현실이 병원들의 여유 있는 경영을 허용하지 않기 때문에 생존을 위해서는 수익성을 고려하는 의료서비스를 제공해야만 하는 상황에 몰린다. 민간 의료기관에서 수익성 추구란 당연한 귀결이다.

민간 영역의 확대는 무엇보다 공공정책 실현 기반의 취약성을 뜻한다. 의료계 현안인 영리병원 문제나 일부에서 끊임없이 문제를 제기하는 건강보험 의료기관 당연지정제 폐지 문제 등은 민간 의료 영역의 요구를 반영하는 것이다. 만약 민간 의료

비중이 크지 않다면 의료계 내부에서의 영리병원이나 당연지정제 폐지에 대한 요구도는 현저하게 감소한다.

지금과 같은 불안정한 공급 체계에서 민간 부문의 이해를 반영하는 요구는 끊임없이 이어지는데 이러한 요구가 공공성에 배치된다는 게 근본적인 딜레마다. 만약 공공의료 비중이 전체 의료에서 절반 정도라도 된다고 가정하면 영리병원 도입이나 당연지정제 폐지 같은 정책 결정이 이루어진대도 사회적 충격은 지금보다 훨씬 적을 것이다. 그만큼 현재 상황에서 이러한 정책에 대해 느끼는 위기감이 커짐은 절대 민간 우위의 불안정한 공급 체계에서 기인한다.

민간 의료의 의미를 전적으로 부정하지 않으나 민간 의료의 특성 때문에 수익성에 기반함을 인정해야 한다. 이러한 특성은 의료기관의 기능이 수익성을 올리기 쉬운 의료를 중심으로 편성됨을 뜻한다. 현재의 행위별 수가제에서 수익성은 치료 중심 의료 행위를 시행하는 데서 나온다. 고비용 의료기술 중심의 의료를 많이 해야만 수익성 극대화가 가능하다. 이와 비교해서 질병을 예방하기 위한 예방 중심 의료는 수익성이 보장되지 않으며 공식 의료 부분에서 배제되는 현실이다.

점점 더 고령화하는 사회에서 노인 인구가 폭발적으로 증가하면서 사람들의 관심도 단순하게 오래 사는 거보다 건강하게 사는 쪽으로 기울었다. 건강하게 오래 살기 위해서는 무엇보다 건강의 일상적 관리, 질병의 예방이라는 측면이 중요한데 현재 의료기관들의 관심은 건강 관리, 질병 예방이라는 요구에 부응하지 못한다. 이런 요구는 민간에 기반한 의료 공급 체계에서 수익성을 보장하는 영역이 아니므로 의료의 일차적 관심과 거리가 멀다.

고령화 사회에서 노인 인구 증가에 따른 가파른 의료비 상승은 앞으로 현 의료 시스템의 존립 자체를 위협하는 수준까지 이를 가능성이 크다. 최소한 앞으로 수십 년 동안은 노인 인구 증가에 따른 의료비 상승을 억제하는 것이 의료정책 담당자들의 최우선 과제다.

의료비 억제를 위해서는 자기 건강 관리, 질병 예방을 통해 건강한 노년기를 유지하는 전략을 추구해야 하는데 민간 의료에 기반한 현 의료 공급 체계는 앞에서 언급한 이유들로 이러한 전략에는 별 관심이 없다. 오히려 많은 노인 환자들을 유치하여 점점 더 공격적인 의료를 제공함으로 수익 창출에 몰두할 것이다. 의료비 절감에 걸림돌로 작용할 가능성이 큰 것이 바로 지금의 시스템이다.

현재 근무하는 병원에서 요양원 촉탁의 사업이라는 걸 한다. 의사 여러 명과 전담 간호사가 담당 요양원을 한 달에 두 번 정도 방문하여 요양원 입소 어르신들의 건강을 돌봐주는 프로그램이다. 직접 요양원을 방문하기에 고가의 검사나 시술을 시행하지 못한다. 참여하는 인력이나 소요되는 시간에 비해 수가는 턱없이 낮다. 그마저 한 병원이 담당할 인원을 제한한다.

요양원 어르신들의 건강 관리 측면에서 중요한 사업이지만 확장이 쉽지 않다. 인기가 없다 보니 요양원에서는 촉탁의를 구하기 어렵다. 가끔 어르신들이 혼자 사는 가정을 방문하여 상담과 진료를 하기도 하지만 이건 자원봉사 차원의 진행이다.

사무장병원

:

사무장병원은 의료인이 아닌 개인이나 법인이 철저하게 영리를 목적으로 의료기관을 개설하여 수익을 내는 형태를 지칭한다. 원칙적으로 의료인이 아니면 의료기관을 개설 못하지만 대리인으로 의사를 고용하여 의료기관을 개설하기도 하고 면허만 빌리기도 한다. 사무장이 직접 진료 행위를 하는 경우도 더러 보인다. 사무장은 병원에서 일한 경험이나 관련 업무에 종사해 얻은 어설픈 지식으로 진료를 한다.

나아가 이들은 법인의 외양을 갖추기도 한다. 법인이 의료기관을 설립 가능하다는 조항을 악용한 사례다. 의료법인, 사단법인 등을 이용하거나 의료생활협동조합(이하 의료생협)을 설립하여 사무장병원을 운영하기도 한다. 현재 개설 운영 중인 수백 개의 의료생협 상당수가 사무장병원으로 의심된다.

협동조합기본법이 제정된 이후 의료복지사회적협동조합(의료사협)이 신설되면서 약간 구분되기도 하지만 주민 참여를 바탕으로 본래 협동조합 취지에 맞게 운영하는 의료사협들이 위축된다. 법인이 운영하는 사무장병원은 개인이 운영하는 곳과 비교해 더 교묘하다. 그러다 보니 법인의 운영이 파행적이다. 법인 설립의 본래 목적에서 한참 이탈한다. 사무장병원은 '은폐된 영리병원'이라 하겠다.

직접 피해는 환자와 가족들이 입는다. 건강보험 재정에도 마이너스다. 정말 공익 목적으로 의료기관을 운영하는 법인들이 오해를 받게 되고 위축되는 결과를 낳는다. 감독 관청도 사무장병원이 아닌가 의심하며 법인이 설립하는 의료기관을 경계하기도 한다. 선량한 목적으로, 공익 목적으로 법인을 통해 의료기관 설립하려는 운동 자체를 위협할 가능성도 남는다.

영리병원 논쟁

:

영리병원 논란이 계속되는 요즘이다. 우리나라 민간 의료기관들이 다들 돈 버는 데 혈안인데 새삼스럽게 영리병원 소리냐, 사실상 모두 영리병원 아니냐는 비난조의 주장이다.

대부분 대형 병원들은 형식상 법인 부설이며 그 법인은 비영리법인이다. 실제 수익을 추구하더라고 형식은 비영리를 표방

한다. 영리병원을 인정하면 운영 주체로 영리법인을 인정하는 게 된다. 영리병원을 인정함은 병원이라는 사업체를 통해 이윤을 창출하고 그 이득을 투자자들에게 배분한다는 뜻이다. 주식회사를 떠올리면 이해가 쉽다. 지금의 병원들이 수익성을 중요하게 여긴대도 창출된 이득을 투자자에게 배분은 못 한다. 이걸 가능하게 하는 것이 영리병원이다.

영리병원이 어떤 방식으로 운영될지 쉽게 연상 가능하다. 병원들은 지금보다 더 철저하게 수익을 따지고, 조금이라도 수익성이 떨어지는 분야는 퇴출시킬 것이다. 병원 설립을 위해 투자자들을 모으고 이들에게 이득을 돌려주기 위해 병원은 공격적인 경영에 내몰린다. 병원이 벌어들인 돈은 투자액에 비례해서 투자자에게 분배될 것이다. 본격적으로 영리병원이 허용되면 민간병원 중 상당수가 이쪽으로 넘어가리라 예측된다. 외부로부터 투자 자금을 유치하여 병원을 확대하고픈 욕구와 부대낄 가능성도 존재한다. 의료 공급의 시장화는 더욱 가속화하고 공공성은 더욱 위축될 것이다.

영리병원 도입은 의료 민영화 정책 중 하나로 추진해 왔다. 영리병원을 필두로 한 원격의료, 빅데이터, 민간보험 확대, 건강관리서비스 등의 의료 민영화 정책에는 의료 분야에서 최대 이윤을 창출하려는 자본의 욕구가 묻어난다.

3장

공공병원
확대 강화를 위한
운동

앞서 2장에서 민간 주도 의료서비스 공급 체계의 문제점을 짚어보며 우리나라 의료 시스템이 건전해지기 위해 공공의료를 더욱 확대 강화해야 함을 확인했다. 심히 왜곡된 현재 의료 공급 체계의 개선은 우리 사회의 시급한 과제다. 그러나 공공 병원 인프라 구축 과정이 녹록지 않으며, 이를 가능케 하는 건 강력한 정책 의지와 이를 추동할 시민의 결의다.

공공의료의 양적 확대와 경쟁력 확보

:

우선 공공의료의 양적 확대가 절실히 필요하다. 정책 담당자들도 보건의료에서 차지하는 공공의료의 역할에 대한 인식을 새롭게 하고 공공의료를 늘리기 위한 정책적 지원을 마다하지 않아야 한다. 몇 년 전 '공공보건의료에 관한 법률'에서 공공보건의료의 개념을 '설립 및 소유' 중심에서 '기능' 수행 여부 중심으로 전환한다고 하는데 이는 임시방편은 될지언정 장기 전략으로 선택할 방안은 아니다.

양을 늘리는 자체가 현실적으로 쉽지 않기에 나오는 고육지책이다. 산술적으로 공공병원 수가 전체 병원에서 5~6% 수준에 병상으로 치면 10% 정도다. 노무현 정부가 이를 30%까지 끌어올리겠다는 공약을 내걸었으나 오히려 공공병원의 추락은 계속되었다. 양적 확대의 당위와 필요성에 대한 공감이 필요하다.

공공병원 확충에서 제기되는 문제 중 하나가 공공병원의 경쟁력이다. 공공병원이 경쟁력을 가지면 표를 의식한 정부나 지자체들이 알아서 공공병원 확충에 나설 텐데 그렇지 않다는 것은 경쟁력 부재 때문이라는 주장은 일면 타당해 보인다. 공립 어린이집이나 요양원처럼 사립 시설에 비교해 인기가 월등하다면 공공병원 확충이 탄력을 받겠으나 그렇지 않다는 지적은 뼈아프다.

공공병원의 경쟁력을 단편적으로 판단하기는 어렵다. 어떤 잣대를 적용하느냐에 따라 경쟁력에 대한 평가가 다르지만, 공공병원 확대를 위한 강력한 추진 동력을 구성할 정도 경쟁력을 확보하지 못함은 분명하다. 이는 오랜 기간 침체됐던 결과인 동시에 공공병원 스스로 자기 혁신을 도모하지 못한 결과이기도 하다. 사립 병원의 일 순위 기준인 수익 경쟁력이 아니라 공공성 기준의 경쟁력이 필요하다.

따라서 공공병원의 양적 확대를 위해서는 자기 혁신과 경쟁력 확보라는 중요한 과제를 수행해야 한다. 어떤 과제가 먼저라고 규정하기 어렵다. 워낙 열악하고 시급한 상황이기에 동시에 두 가지 과제 해결을 위해 매진해야 한다.

정부의 공공병원 정책

:

문재인 정부는 2021년에 '제2차 공공보건의료 기본계획'을 발표했다. 핵심은 권역별 지역별 책임 의료기관을 지정해서 운영한다는 내용이다. 기존의 병원을 지정하거나 따로 신축 또는 증축하는 병원도 나타났다. 2025년까지 20개 이상 공공병원을 신축 또는 증축한다는 계획은 거창하나, 실제 문재인 정부 5년 동안 중앙정부 차원에서 신설한 지방의료원은 단 한 개도 안 보인다. 오히려 시 조례에 따라 지방자치단체가 설립한 성남시 의료원이 다다.

윤석열 정부에서 의료공공성이 확대되길 기대하기는 어려워 보인다. 위에 언급한 기본계획조차 취소되거나 축소될 가능성이 농후하다. 되려 민간병원에 공공의료 기능을 위탁하면 되지 않겠냐는 의견들이 나온다.

성남시의료원과 공공병원 설립 운동

:

성남시에서는 오래전부터 구시가지의 의료 공백을 해소하기 위해 시민사회단체 중심으로 공공병원 설립 운동을 펼쳐 왔다. 주민 발의로 시 조례를 만들었고 성남시의료원 개원이라는 결실로 이어진다. 성남은 구시가지와 분당 판교 중심의 신시가지로 구분된다. 신시가지에는 대형 병원이 여럿이라 의료 수요가 충족되나 구시가지는 그렇지 못해 대형 병원 설립에 대한 시민들 요구가 컸다.

이런 배경에서 지역 의료 수요를 감당할 공공병원 설립 운동이 시민들 사이에서 싹튼다. 숱한 우여곡절 끝에 공공병원 설립을 공약으로 내건 이재명 후보가 시장으로 당선되면서 성남시의료원 설립이 본격 추진된다. 성남의료원 설립추진위원회가 구성되고 그 아래 여러 분과가 설치된다. 필자는 의료지원 분과에 결합하면서 새로운 병원의 청사진을 만드는 데 관여하게 되었다.

제일 먼저 제기된 게 대학병원 위탁 문제였다. 성남의료원 설립 조례에는 '운영을 대학병원에 위탁하여야 한다' 규정했다. 지역 정치 타협의 결과라고 하지만 시민의 이익을 배반하는 조항임이 확실하다. 이는 시민 여론에 밀려 공공병원 설립에 동의는 하지만 제대로 된 공공병원 설립에는 반대하고픈 지역 정치 세력의 주장을 받아 안은 결과였다.

여기저기서 당장 병원의 '유저user'가 있어야 설립을 이끌어 나갈 수 있다고 주장했다. 여기서 유저는 조례에 규정된 대학 병원이었다. 위탁받을 병원이 설립 단계에서부터 책임을 맡아 전체 그림을 그려나가야 한다는 것이다. 이에 대한 우려의 목소리도 높았다.

공공병원을 대학병원에 위탁하면 설립 과정 전반을 대학병원이 주관하는데, 그렇게 되면 공공의 논리보다 대학병원 자신들의 논리와 이해관계가 병원 설립에 직접 반영될 것이 너무도 자명했다. 그리고 무엇보다도 병원의 유저는 시민들이다. 시민들에게 가장 잘 봉사하는 제대로 된 병원을 만드는 것이 이를 처음 추진했던 시민들의 바람이기도 했다.

대학병원 부속 병원 하나 늘리는 게 목적이 아니다. 조례대로 불가피하게 위탁하더라도 최대한 시민들의 요구를 반영하는 병원을 만든 다음 위탁하는 게 바람직하다. 논란 끝에 대학병원 위탁 문제는 뒤로 미뤄진다. 먼저 새로운 공공병원에 대한 밑그림을 그리는 작업을 하기로 한다. 의료지원 분과의 역할이 중요해졌다.

분과에서는 병원의 규모를 어느 정도로 할지, 병원 규모와 지역의 요구를 감안하여 어떤 부서와 기능을 넣고 뺄지 등에 대해 논의하고 전문가, 시민, 지역 의료인의 의견과 제안들을 취합해 나갔다.

공공병원의 특성을 고려하여 충분한 수의 전염병 격리 병동, 호스피스 병동, 정신 질환 환자가 편안하게 진료를 받는 전용 병동, 보호자 안 와도 되는 병동, 충분한 수의 중환자실 병실 확보, 신생아 중환자실 운영, 재활센터의 공간 확대, 장애인 진료를 위한 시설과 장비 보완, 한의과 설치 등 민간병원에서 쉽게 접근하기 어려운 기능들을 포함하기로 했다. 아울러 응급의료센터, 심혈관센터, 뇌혈관센터, 소화기센터, 관절센터, 건강증진센터, 인공신장실 등 필요한 부서들이 배치되었다.

성남시의료원이 오랜 기간에 걸친 시민들의 요구와 투쟁의 결과 탄생한 병원인 만큼, 가장 고심한 것은 시민들의 참여를 어떤 방식으로 반영하는가였다. 동시에 이는 기존의 의료원들이 갖고 있던 고질적인 여러 문제를 해결할 단초를 제공하는 방안이기도 했다.

여러 사안 중에서도 제일 핵심은 시민위원회의 구성과 활성 방안이었다. 기존의 공공병원에도 시민위원회, 시민참여위원회, 시민자문위원회라는 이름의 시민 참여 구조가 있으나 여러 가지 제약으로 제대로 된 역할을 다하지 못했다. 실질적인 역할이 가능하도록 하는 방안을 마련하는 것이 중요했다. 시민옴브즈맨 제도의 도입, 시민 자원봉사단 구성, 시민건강기금 설치 등에 대해서도 논의했다. 처음 설계 단계에서는 1층 로비 접

근성 좋은 곳에 '시민건강센터'라는 공간을 두어 시민들이 이용하도록 고려하였다.[1]

공공병원 하나 설립하는 데도 지난한 과정을 거친다. 수많은 논의를 지나 실제 병원 설립에 돌입하면서 다양한 문제에 직면한다. 성남시의료원도 우여곡절을 겪으면서 결국 개원에 이른다. 처음에 의도했던 구성이나 의도가 얼마나 실현되었는지 평가 자리를 마련해야 한다. 혁신적인 공공병원 모델 실현이라는 바람에 이르지 못했다는 필자 본인의 소회는 남는다. 공공병원의 비전이 명확하지 않은 데서 비롯된 한계라고 본다.

성남시의료원 설립 과정은 이 운동을 주도했던 공공의료성남시민행동[2]이 정리한 『성남시의료원 설립운동사』(건강미디어협동조합, 2022)가 참고자료로 유용하다.[3]

시민이 주도한 성남시의료원 설립 운동은 다른 지역에도 영향을 미친다. 진주의료원 폐쇄가 사회적 이슈로 부상하면서 상대적으로 성남시의료원 설립 운동이 조명을 받게 되고 대전, 울산 등에서도 공공병원 설립 운동이 일어난다. 그러나 정부나

---

1. 처음 구상이 실제로는 반영되지 못함. 시민위원회가 구성되기는 하였으나 제대로 역할을 수행할 여건이 마련되지는 못함
2. 성남시의료원 설립 운동을 제안하고 이끌어온 성남시의 대표적인 시민사회단체. 중간에 단체 이름과 구성원이 바뀌면서도 지금까지 이어짐
3. 이 책의 출판기념식은 병원이 아닌 병원 앞 다른 공간에서 열림. 현재 성남시의료원 상황이 처음 시민들 기대와 달라 기념식 분위기도 침체. 공공병원 설립 운동이 설립에만 그쳐서는 안 되고 이후에도 계속 제대로 된 공공병원으로 자리매김하도록 감시하는 역할이 중요함을 일깨움

정치권이 적극적이지 않아 여러 난관에 봉착한다. 병원 설립이 그렇게 간단한 사업도 아니고 재정 부담도 커서 중앙정부가 적극적으로 지원하지 않으면 지방정부 차원에서 추진하기 쉽지 않다는 한계를 가진다. 중앙정부의 정책 의지 부재가 가장 큰 걸림돌이었다.

코로나 팬데믹으로 공공병원의 역할과 중요성이 다시 관심을 모았다. 전염병 유행 시기마다 반복되어온 공공병원 역할론이지만 팬데믹의 기간이 길고 규모가 커서 공공병원에 대한 요구는 광범위했다. 당장 공공병원이 없는 지역의 주민들이 큰 불편과 피해를 감수해야만 했다. 주민들이 먼저 공공병원 설립을 요구한다. 공공병원과 사립 병원의 차이가 팬데믹으로 드러난 결과다. 병상이라고 다 같은 병상이 아님을 알게 되었고 재난 상황에서 공공병상의 중요성을 시민들 스스로 깨달아 간다.

새로운 병원의 설립도 중요한 과제지만 기존 공공병원의 업그레이드를 위한 정책적 지원도 절대로 필요하다. 낙후된 시설이나 노후화된 장비들에 대한 대책, 부채에 대한 전향적인 대책 마련, 인력 확보 문제 등 종합적인 정책 마련이 시급한 상황이다.

'정유엽과 내딛는 공공의료 한 걸음 더'

:

코로나 팬데믹 초기 대구·경북 지역 유행이 한참일 때 제 때 치료를 받지 못해 17세 정유엽 군이 사망한다. 코로나로 인한 의료 공백이 문제였다. 의료 공백의 한 원인으로 공공의료의 취약성이 지적된다. '코로나19 의료 공백으로 인한 정유엽 사망 대책위원회'가 구성되고, 다시는 이런 일이 일어나지 않도록 가족과 인권단체들은 '정유엽과 내딛는 공공의료 한 걸음 더'라는 슬로건으로 경산에서 청와대까지 380km도보 행진을 이어 갔다.

이 사건은 팬데믹 초기 공공의료의 취약성을 드러내는 계기로 작용한다. 공공의료가 더 튼튼하고 건실했다면 팬데믹 태풍 속에서 희생자 수는 줄였겠다고 생각한다.

대구에서는 제2 대구의료원 설립을 위한 노력이 이어졌다. '새로운 공공병원 설립 대구시민행동'이라는 단체가 설립 운동을 추진 중이다. 정치권에서도 적극적으로 움직이고 시민들의 요구도 그 어느 때보다 높다. 그러나 실제 설립까지 이어질지는 불투명하다. 장애물도 많다. 그럼에도 이를 이끄는 유일한 동력은 바로 공공의료에 대한 시민의 요구와 열망이다.

윤석열 정부의 공공의료 정책

:

앞으로 보건의료 정책이나 공공의료 정책이 어떻게 흘러갈지 정확히 알지 못한다. 그러나 권력 핵심의 국정 철학이나 정부에 참여한 보건의료 전문가들의 면면을 보면 지금 공공의료 강화를 기대하기란 쉽지 않아 보인다.

대통령직인수위원회는 2022년 5월 3일 '국정과제 110'을 발표하면서 '필수·공공의료 강화'를 주요 과제에 포함했다. 감염병·응급·중증외상·분만 등 필수·공공의료 인력·인프라 강화를 통해 지역 완결적 의료 체계를 구축함이 목표라고 했다. 이 목표를 달성하기 위해 공공병원뿐만 아니라 민간병원도 제 역할을 맡아야 한단다. 굳이 공공병원이어야 하는 건 아니라는 말이다. 신설하는 '공공정책수가'를 매개로 지원을 확대한다는 계획인데 민간병원 인센티브로 전락하여 결국 민간병원 강화로 귀결될 가능성도 보인다.[4]

공공병원을 새로 짓는 문제에 대해서는 부정적이거나 소극적이다. 공공의료 기능을 민간병원에 위탁하면 된다는 논리인 듯하다. 지방의료원 문제를 대학병원에 위탁하는 방식으로 해결하려는 움직임도 그렇고 지방의 의료 소외도 대학병원 분원

---

4. 김상기 「윤석열 정부, 공공병원 아닌 민간병원으로 충분? 이상한 '공공정책수가'」 『라포르시안』 2022.5.4

설치 등의 방식을 검토하는 것으로 보인다.

최근 팬데믹으로 공공병원의 중요성이 강조되는 현실을 전혀 반영하지 못하는 분위기다. 지금껏 달려온 공공의료를 퇴행시키지 않을까 염려한다.

멈출 수 없는 공공병원 확대 강화 운동

:

우리나라 의료 체계의 개혁을 위해 공공병원을 확대하고 역할을 강화해야 함은 자명하다. 현재 공공병원 모습에 모자람과 바람직하지 않은 부분도 보이지만 극복해 나감이 필요하지 폐기할 대상은 아니다.

현재도 의료 공백이 나타나는 지역은 수익성이 낮아 앞으로도 민간 부문에서 개입할 가능성은 적다. 의료의 수도권, 대도시 집중이 빚은 결과다. 이들 의료 소외 지역에 공공병원을 설립하거나 기존 병원을 보강하여 지역 주민의 의료 요구를 충족시켜 주어야 한다. 지역 균형 발전을 위한 인프라에서 중요한 요소 중 하나가 의료다.

실제 수요가 존재해도 민간 부문에서 투자할 유인이 안 나타날 때는 공공이 나서서 투자해야 한다. 어린이 재활 치료를 위한 병원 인프라가 부족하여 이를 확충하기 위한 시민운동이 활발하게 추진되는 형편이다. 이런 노력의 결과로 정부가 공공

차원에서의 진행을 결정하고 공모를 거쳐 현재 대전에 공공어린이재활병원 설립을 추진 중이다.

수도권과 대도시 지역 병상은 지금도 과잉이다. 시골 지역의 병상 공백과 서로 맞물린 현상이다. 지역에서는 병원의 신설 자체가 어렵다. 병상 과잉은 또 다른 문제를 야기한다. 경쟁이 치열해지면서 의료 왜곡이 발생할 가능성이 커진다. 기존 민간 병원을 적극적으로 인수하여 공공병원으로 전환하는 방식이 대안으로 떠오른다.

한 예가 2017년 7월 파산한 부산 침례병원을 공공병원으로 전환하자는 논의다. 건강보험공단이 인수하여 공단병원으로 운영하자는 의견부터 제2의 부산의료원으로 하자는 의견까지 나온다. 일단 부산시에서 부지와 건물을 매입하여 공공병원화의 물꼬를 튼 상태다. 성남시의료원이 지방자치단체가 앞장서 공공병원을 설립한 예라면, 침례병원이 공공병원으로 잘 만들어진다면 민간병원을 인수하여 공공병원으로 전환한 첫 사례가 된다.

시민의 역할

:

주류 의료계는 민간 의료기관을 기반으로 한 터라 공공병원을 경쟁자로 인식한다. 공공병원의 역할을 긍정하는 건 민간 의료기관에 피해가 가지 않는 범위 안으로 제한한다. 그러다 보니 상황에 따라 공공병원에 적대적이다.

정부나 지자체도 공공병원에 대해 그리 긍정적이지 않다. 공공병원에 대한 뿌리 깊은 선입관이 깔리기도 하고 운영과 재정에 대한 부담을 느낀다. 그러다 보니 공공병원 확대와 강화 운동의 추동력이 쉽게 형성되지 않는다.

결국은 시민들이 나서서 공공병원 설립과 강화를 주장해야 한다. 시민의 안전과 건강을 위해, 지역사회 의료와 돌봄 인프라 구축을 위해 시민이 직접 공공병원 설립 운동에 뛰어들어야 하는 상황이다. 마찬가지로 여러 문제와 취약함을 드러내는 공공병원이 새로워지도록 자극하고 감시하는 역할도 시민의 몫이다. 공공병원 설립 운동의 시작도 시민이고 마지막도 시민이다.

4장

공공병원
새롭게

맹목적으로 공공병원을 옹호하고 확대 강화를 주장하기에는 공공병원의 현재가 너무 초라하다. 지금 모습이 양적 확대, 질적 개선의 걸림돌로 작용한다. 새롭게 설립하려는 공공병원들이 기존 모습을 탈피 못 하면 어쩌나 하는 걱정이 공공병원 설립을 주저하게 만드는 요인이 되기도 한다.

걱정을 해소하는 방안은 바로 내부 혁신이다. 공공병원의 역할을 진정으로 고민하고 환자와 보호자, 지역 주민을 위하려는 노력을 기울인다면 환자와 지역의 신뢰를 얻으리라 믿는다.

그러면 내부 혁신을 위한 동력을 어떻게 마련할 것인가. 제도적, 정책적 접근으로는 한계에 부딪힐 것이기에 결국 공공병원 내부 구성원이 얼마나 공공의식을 갖고 노력하느냐로 귀결된다. 공공의료에 대한 의지와 열정을 가진 의료인들이 공공병원에서 일자리를 구하고 네트워크를 구성하여 서로의 고민을 공유하고 공공의료 전망을 만들어 나가면 공공병원 내부 혁신이 그렇게 어렵지만은 않으리라 여긴다. 젊은 의료인들의 결의 또한 기대한다.

주민의 관심을 모아 내고 궁극적으로 주민에게 제대로 봉사하는 공공병원으로 자리매김하도록 병원의 운영이나 평가에 주민 참여 방안을 궁리해야 한다. 공공병원들이 제대로 자기 역할을 한다면 환자와 주민들이 외면하지 않는다.

병원 자체가 턱없이 부족한 상황에서는 공공병원이 의료서비스를 제공하는 기본 인프라 역할을 했다. 일제 강점기와 해방 이후 한국전쟁을 겪던 시절, 전후 복구 시기 전국에서 공공병원의 역할은 가히 절대적이었다. 민간병원 설립이 늘고 공공병원의 설립이 정체되면서 의료서비스 제공에서 민간병원의 역할이 우위에 선다. 공공병원의 역할이 감소하면서 주로 취약계층에 대한 의료서비스 제공으로 한정되기에 이른다. 지방의료원을 중심으로 한 공공병원은 영세민, 노숙자 등 경제적으로 취약한 탓에 민간병원을 이용하기 어려운 사람들이 주로 이용하는 곳이라는 인식이 싹튼다.

민간병원들이 수익성에 치중하여 운영하다 보니 과잉진료가 사회 문제로 대두한다. 이에 대해 공공병원은 적정 진료를 제공하는 의료기관으로서 새로운 역할을 부여받는다. 이제 의료의 사회적 역할이 강조되고 의료 자체의 개념이나 의미들이 변화하면서 우리 사회가 새로운 의료를 요구한다. 이러한 변화에 대해 공공병원들이 적절하게 대응하며 제 역할을 할 때다. 공공성을 바탕으로 미래 가치를 병원이라는 틀 속으로 끌어안고 새로운 의료를 만들어 나가는 공공병원의 모습을 그려본다.

관료화 극복과 효율성 증대

:

공공병원이 관료의 통제를 받는 현재의 구조로는 그 단점을 극복하기 어렵다. 관료적 통제 시스템에서는 병원이라는 특성이 반영되지 않고 이를 인정하려고도 않는다. 공공병원 혁신을 위해서는 위로부터는 중앙정부 차원에서 이를 극복하기 위한 대안이 나와야 한다. 아래에서는 공공병원 직원들이 그리고 시민들이 나서 이를 해소할 방안을 요구해야 한다.

민간병원의 시각에서 보면 공공병원의 비효율은 두드러진다. 민간병원은 수익이 예상되는 분야에 투자하고, 필수 의료에 해당해도 수익이 안 나면 투자를 안 한다. 의료진이나 다른 직종의 직원도 가능한 한 적은 인원으로 운영한다. 그렇게 해서 수익의 극대화를 이룬다. 공공병원은 이런 효율성을 따르지도 못하고 따라서도 안 된다. 민간병원의 효율성에서도 물론 배울 점은 존재한다.

공공병원에 대한 평가 중에서 가장 오도된 것이 공공병원이 왜 민간병원처럼 수익을 올리지 못하느냐다. 공공병원과 민간병원 차이에 대한 몰인식이다. 앞서 언급했듯이 수익이 날 분야에만 투자를 집중하기 때문에 수익을 올린다. 공공병원은 그렇게 운영되지 못한다. 병원의 수익성을 최고 중요시하는 인식과 평가는 병원 운영을 그런 방향으로 몰아간다. 공공병원에 같은 잣대를 들이대는 건 적절하지 않다.

효율성 증대는 경영진과 직원들이 합심하여 추구해야 할 방향이다. 이는 단지 수익을 늘리기 위한 효율이 아니라 공공성 강화를 위한 노력, 지역사회 돌봄에 제대로 기여하기 위한 효율성까지 포함한다.

취약계층 진료

:

공공병원이라 하면 취약계층 진료를 먼저 떠올린다. 지금도 중요한 역할의 하나로 손꼽힌다. 그러나 뒤집어 생각해 보면 취약계층이라고 민간병원에서 배제되고 소외되어 공공병원으로 내몰리는 것은 정의롭지 않다. 취약계층도 어느 병원에서든 차별받지 않고 진료받아야 한다. 지금도 형식적으로는 어느 병원에서나 진료한다지만 때로는 은근히 때로는 대놓고 차별을 한다.

이러한 분위기와 비싼 진료비 때문에 알아서 피하게 되는 경우가 많다. 노숙인은 지정된 병원으로 간다. 대부분은 공공병원을 지정하는데 그 수가 적다. 노숙인은 건강보험 적용을 못 받는데 질병에는 취약하므로 진료가 필요한 때가 많다. 지정 병원이 적다 보니 접근성이 많이 떨어진다.

팬데믹으로 공공병원들이 코로나 진료에 전적으로 매달리게 되면서 공공병원을 이용하던 취약계층들은 병원 이용에 어려움을 겪는다. 진료받으러 갈 곳을 못 찾는 노숙인들에게 정부는 아무 대안도 제시하지 않았다. 문제의 근본을 해결하려면 취약계층이어도 어떤 병원에서든 차별 않고 진료받는 분위기와 조건을 만들어야 한다.

진료 기능의 업그레이드

:

공공병원들이 지역사회에서 제대로 역할을 다하려면 어느 정도 규모를 갖추고 중환자 진료 및 몇 가지 특수 진료가 가능해야 한다. 원하든 원치 않든 진료 부문에서 민간병원과 경쟁이 불가피하다. 그래야 주민들의 신뢰를 얻어 자주 찾는 병원으로 제 역할을 할 수 있다.

코로나 팬데믹 과정에서 공공병원이 엄청난 역할은 한 것은 사실이지만 중증 환자 진료에는 한계를 보였다. 공공병원에 대한 투자가 적어 중증 환자를 진료할 역량을 못 키운 반증이기도 하다. 의료인력의 확보와 진료 기능 업그레이드는 서로 맞물린다. 공공병원이 의료진들에게 인기 있는 병원이 되어야 인력 확보가 가능하다.

지방으로 내려갈수록 중환자 치료, 투석, 심혈관 진료 등 특수 분야 진료의 중요성은 더 커진다. 물론 의료인력을 구하는 게 여간 어렵지 않다고 토로한다. 지방의 중소병원은 의사뿐 아니라 간호사 인력을 구하기가 너무 어렵다. 공공병원은 더하다. 인력 문제 해결을 위해 정부 차원에서, 병원 차원에서 다양한 노력을 기울여야 한다는 게 당위다. 물론 쉽지는 않다.

적정 의료와 필수 의료

:

민간병원들이 의료서비스 공급의 주도권을 잡다 보니 의료 적정성 문제가 나온다. 민간병원들이 수익성에 과도하게 치중하니 병원 제공 의료가 과연 적정한지 의문이 들기 시작한다. 공공병원에 그 서비스의 적정성을 평가하는 임무가 주어졌다. 어떤 방식의 의료서비스든 적정해야 한다. 과잉 의료와 과소 의료 모두 환자에게 피해로 돌아간다.

적정 의료가 논의의 대상이 되는 것부터가 문제다. 공공병원뿐만 아니라 민간병원의 의료서비스도 적정해야 함이 당연한데 민간 영역이다 보니 공적 관리가 간단하지 않다. 공공병원에서 적정 의료를 강조하게 되는 배경 자체가 우리나라 의료 체계의 왜곡을 고스란히 반영한다.

민간 주도 의료의 또 다른 폐해는 수익성이 낮아도 필요한 '필수 의료'의 축소 또는 배제다. 상대적으로 감염, 호스피스, 재활, 정신 관련 병동은 같은 규모의 공간과 인력을 투입했을 때 벌어들이는 수익이 낮아 투자가 매우 적다. 민간에서 운영을 기피하는 분야지만 필요하기에 공공병원이 떠맡는다.

이게 곧 공공병원의 수익성을 악화시키는 요인이다. 우리나라 의료서비스 공급 체계의 왜곡으로 발생하는 문제들을 공공병원들이 떠안게 되는 형국이다. 공공병원의 역할을 적정 의료, 필수 의료 제공으로 자리매김해야 하는 현실 자체가 비극이다.

의료와 인권

:

의료에서 인권 문제를 공공병원이 어떻게 감당해야 할까. 여기는 여러 측면을 봐야 한다. 의료 현장이 인권 관련 이슈가 자주 드러나는 곳으로 우선 환자들이 의료 이용 과정에서 인권 침해를 받을 때가 많다. 의료인이 환자. 보호자 인권을 침해하기도 하고, 병원에서 발생하는 안전사고나 의료 사고 역시도 이에 해당한다. 반면 환자 또는 보호자들이 의료인의 인권을 침해하는 사례도 빈발한다. 응급실에서 주취 환자에 의한 의료인 폭행이나 사회적 문제가 되었던 정신과 의사 피살 사건이 그렇다.

사회적으로도 인권 관련 이슈는 의료 관련 건이 많다. 고문 피해, 감정노동, 과로사. 가정폭력, 성폭력,[1] 장애인 건강 문제 등 많은 이슈가 의료와 관련하며 일정 정도 병원이 역할을 해야 한다. 아직 이런 데 대한 병원 차원의 고민은 미미한 편이다.

2017년 녹색병원에 인권치유센터가 개설되고 바로 이어서 서울대병원에 인권센터가 개설되었다. 전자는 주로 인권 피해자의 상담, 진료 등 대외적 지원에 집중하는 반면 후자는 병원 안에서 발생한 인권 문제에 관심을 갖는다.

인권 문제는 이제 의료계에서 본격적으로 다뤄야 하는 주제다. 다양하고 복잡한 양상을 띠는 인권 문제에 대해 공공병원이 앞장서서 관심을 가지고 구체적인 실천 방안을 찾아야 한다.

젠더 문제에서 공공병원의 역할

:

의료계 내 젠더 문제도 다양하다. 보통 병원에서 가장 많은 인원을 차지하는 직종은 간호사다. 이들 대부분 여성이기 때문에 병원 직원 대다수가 여성인 셈이다. 병원 조직이나 경영에서 성 평등, 성 인지 관점이 반영되어 젠더 친화적인 공간과 시스템이 마련되어야 하는데 실제 그런 고민을 하는 곳이 그리

---

1. 해바라기센터는 성폭력 피해자 의료 지원을 위해 의료기관에 설치 운영

많지 않다. 의학 지식 자체가 남성 기준으로 구축되어 온 점을 고려한다면 여성 환자들에게는 여성 기준의 의학을 적용해야 한다.

사회로 나가면 가정폭력, 성폭력 등 주로 여성이 피해자인 인권 침해 상황을 많이 접한다. 신체적, 정신적 폭력에 따른 의료 요구가 생기게 마련이다. 이러한 요구에 대해 공공병원들은 적절하게 대응할 준비를 해야 한다.

성 소수자 건강 문제도 빼놓으면 안 된다. 다양한 유형의 성 소수자에게서 건강 문제는 다른 방식으로 드러나고 있으며 각각에 맞는 의료가 필요하다. 과거 지방 선거에서 한 서울시장 후보가 공공병원에 젠더건강센터 설치라는 공약을 내걸기도 했다. 젠더 문제는 의료에서 중요한 영역으로 부상했다. 이를 효과적으로 수용하기 위해 이러한 센터의 설치도 진지하게 고려해야 한다.

장애 친화 병원

:

장애 친화 병원은 생각처럼 쉽지 않다. 휠체어 이용 장애인의 치과 진료를 위해서는 진료 공간을 더 넓혀야 한다. 휠체어 이동이 가능한 동선도 구성해야 한다. 산부인과 진료를 위해서는 진찰대로 올라가야 하는데 혼자서 이동이 어려우면 특수

장치가 필요하다. 청각 장애인, 시각 장애인을 위한 배려도 필요하다.

배려해야 할 것은 많은데 그에 비례해 수익이 늘지는 않는다. 수익성과는 거리가 머니 민간병원은 앞장서 나설 이유가 없다. 공공병원의 역할이 그래서 필요하다. 적어도 장애인들이 이용하는 데 불편함이 덜한 병원이 되도록 하는 게 공공병원의 역할이자 존재 이유다.

직장 민주주의

:

우석훈의 책[2]에 '병원 민주주의, 나도 아픕니다'라는 꼭지를 보면 병원은 민주주의와 거리가 멀어 보인다. 그것도 한참 멀어 보인다. 우석훈은 이 책에서 병원 민주주의 범주를 오너 민주주의, 의사 민주주의, 간호사 민주주의로 나눠서 설명한다. 실제는 이보다 더 복잡한 양상을 띤다.

우리나라 병원들은 대부분 민간 소유다. 공공병원이 아주 적고 대학 소유나 종교계 소유가 간혹 존재한다. 대학도 사립 대학의 경우는 오너 체제가 확실하여 공공성과는 거리가 멀다. 대학에 따라 차이가 나지만 아주 봉건적인 방식의 지배 체계를

―

2. 우석훈 『민주주의는 회사 문 앞에서 멈춘다』 한겨레출판 2018

유지하는 곳들도 많다. 하물며 중소병원의 경우는 법인 여부를 불문하고 그냥 개인병원이라고 생각하는 게 맞다.

민주주의를 논하는 것 자체가 말이 안 되는 조건이다. 공공병원은 공적 소유 병원으로 노력 여하에 따라 민주적 운영의 가능성이 열리지만, 민간병원은 난망해 보인다. 사적 소유가 90%를 넘는 조건에서 과연 민주적 소유 논의가 가능한지 의문이다. 민주적 소유 또는 민주적 운영 주장은 공허하기만 할 뿐이다. 다른 방식의 접근이 필요하다.

의사 직역 내 민주주의는 의사들의 분화가 심한 대형 병원으로 갈수록 문제가 심각하다. 대형 병원은 같은 의사여도 분화가 극심해진다. 대학병원의 교수, 펠로우, 레지던트. 인턴 그리고 그 아래 학생까지 말이다. 교수들의 계급 분화도 다양해졌다. 최근에는 입원 전담의라는 제도가 생겨났다.

과거에 전공의는 배우는 신분이라는 이유로 장시간 노동을 견뎌야 했다. 병원 쪽에서 보면 전공의는 값싼 노동력 자체였다. 2~3일 연속 근무도 당연시했다. 전공의법이 생기고 나서야 '막 부려먹기'가 어려워졌다. 그러자 그 업무 부하가 펠로우에게 넘어갔다. 펠로우는 전공의를 마치고 전문의를 딴 다음 들어가는데 전공의의 연속 과정이라고 보면 된다. 이들은 전공의법 적용 대상이 아니어서 병원이 막 부려먹기 좋다. 오죽하면 '펠노예'라는 말까지 등장했을까.

중소병원 의사들은 대부분 전문의 자격으로 취직한다. 각자 자기 전문 분야를 가지며 서로의 전문성을 인정해야 한다. 다른 전문의에게 도움을 받아야 하는 때가 많아 혼자 독불장군처럼 굴다가는 자기만 피곤해진다. 일부 갑질하는 과도 나타난다. 중소병원은 대학병원과 비교해 위계가 약한 편이다.

간호사들의 경우 대학병원, 중소병원 가리지 않고 위계 질서가 강하다. 이게 '태움' 문화로 나타났다. 민간병원, 공공병원도 가리지 않는다. 그러나 중소병원으로 갈수록, 지방으로 갈수록 간호사 구인이 어려워 이런 문화 자체를 유지할 인적 토대가 무너져 변화를 강요받는다.

우석훈은 '병원 민주주의 인증제'를 도입하자고 제안한다. 병원들이 이걸 쉽게 받아들일까는 의문이다. 공공병원에서 시도를 해보면 어떨까. 공공병원의 혁신은 새로운 시도와 도전으로 가능하니 말이다.

지역사회 통합돌봄

:

요즘 지역사회 통합돌봄에 관련한 논의가 한창이다. 고령화가 진행될수록 간병에 대한 사회 부담이 커진다. 단순히 시설 입소로 해결하기에는 많은 문제를 드러낸다. 요양 시설이 필요하지만 그게 유일한 대안이 된다면 곤란하다. 요양 시설에서 생활하면서 만족을 느끼는 사람들이 그리 많지 않다고 한다. 어느 정도 독립적인 생활이 가능하다면 집에서 지낼 여건을 마련하는 것이 최선이다.

문제는 재택 생활 관리, 건강 관리 체계가 적절하지 않고 충분하지 못하다는 점이다. 이를 보완하고 체계를 잡으려는 게 지역사회 통합돌봄이다.

도시개발 아파트 단지 안에 있는 종합복지관에 한 달에 한번 어르신 대상으로 건강 상담을 나갔다. 80~90대의 고령에도 혼자 사는 어르신들이 많다. 혼자 사는 분들은 치매나 장애 또는 중증 질환을 앓거나 하면 가족 지원이 어려울 때 외부 지원이 꼭 필요하며 적절한 의료 대응 체계도 갖춰져야 한다.

그러나 현실은 전혀 그렇지 못하다. 당사자뿐만 아니라 가족, 지역사회가 공동으로 지원 체계, 대응 체계를 만들어 가야 한다. 1차 의료기관의 역할이 중요하나 지역 병원도 그에 못잖은 역할을 맡아야 할 상황이다.

입원했다가 퇴원하는 고령 또는 장애 환자들의 퇴원 후 관리, 집에서 지내다 응급 상황이 발생하거나 입원할 필요가 생겼을 때처럼 병원도 깊숙이 관여해야 하는 구조다. 요구가 높은 데 비해 수익성 높은 분야가 아니어서 민간병원들은 별 관심이 없다. 이런 상황에서 공공병원들이 적극적으로 자기 역할을 찾아 나서야 한다.

돌봄은 의료와 부관하지 않다. 돌봄이 제대로 구성되기 위해서는 의료의 참여와 개입이 필수 요건이다. 공공이냐 민간이냐를 떠나서 의료가 돌봄에 대해 본격 고민해야 하는 시점이다.

국제 연대의 공간

:

무슨 거창한 내용이 아니다. 요즘 어느 병원에서나 이주노동자, 결혼이주자, 탈북자, 조선족이라 불리는 중국동포 들을 많이 만난다. 환자로 오기도 하고 간병사로 오기도 한다. 우리 사회가 다양한 국적의 국제인들이 모여 사는 공간으로 바뀐 지오래고 병원은 그 한복판에 존재한다.

그만큼 병원은 이들을 맞아 적절한 서비스를 제공할 준비를 해야 한다. 의사소통이 제일 첫 번째 문제다. 이외에도 경제적인 어려움이나 문화 차이 등 진료 과정에서 이들을 위한 세심한 배려가 필요하다.

공공의료 네트워크 강화

:

공공병원의 존재감이 미약한 만큼 서로 힘을 모아 공통의 과제를 해결해 나가야 한다. 지방의료원, 국립중앙의료원, 국립대병원 그리고 특수 목적의 공공병원 나아가 진료 기능을 유지하는 보건소, 준공공병원이라고 볼 만한 적십자병원까지 공공병원 네트워크가 활성화되어 공공의료 확대와 강화의 추진력을 마련해야 한다.

이를 위해 행정 통일성도 중요하다. 특수 목적 병원은 이에 맞게 행정 지도가 이루어져야 하지만 제일 논란인 것은 국립대 병원의 역할이다. 국립대 병원은 우리나라 의료에서 중요한 역할을 맡고 있음에도 소관 부처가 교육부여서 공공의료 마인드가 상대적으로 처진다. 이를 보건복지부로 일원화하여 통일성을 높이는 방안을 진지하게 검토해야 한다.

행정 지도의 문제, 소관 부처의 문제보다도 더 중요한 것은 공공병원 스스로 네트워크를 구성하여 공공병원 연대 의식을 높이고 새로운 변화의 길을 찾는 것이다. 공공병원의 역할과 중요성을 시민들에게 직접 어필하여 동의를 구하는 과정은 향후 공공의료 운동의 핵심 과제이기도 하다.

시민 참여의 길

:

공공병원 혁신에 주어진 과제는 많다. 이 중에서 가장 중요한 핵심은 실질적인 시민 참여를 어떻게 구현할 것인가다. 어찌 보면 수많은 전문가가 모여 있고 전문적인 활동들이 이루어지는 공간인 병원에서 비전문가인 시민이 어떤 역할을 하겠냐며 회의적인 시각을 갖은 사람이 많다. 그러나 의료라는 행위는 분명히 대상이 있고 그들이 바로 시민이기에 당사자로서 시민은 참여의 권리를 갖는다. 더더욱 세금이 들어가는 공공병원의 경우 시민 참여는 당연하다.

지금도 공공병원에 시민참여위원회, 시민자문위원회 등의 이름으로 이미 시민 참여의 틀이 존재한다. 그러나 실질적인 참여 구조라 하기는 어렵겠다. 우연한 기회에 이런 위원회의 회의 내용을 들여다보았는데 일 년에 한두 번 모여서 식사하면서 덕담하는 수준인 것도 보았다. 이런 데에는 몇 가지 이유가 가늠된다.

병원장들 자신이 시민 참여에 대한 필요성을 인식하지 못해 형식적인 자리 정도로 이해하기도 한다. 시민위원들조차 병원이라는 시스템에 대한 이해 부족으로 올바른 역할을 하지 못한다. 성남시의료원은 설립 과정에서 시민위원회 강화와 실질적 역할을 위해 여러 논의를 벌였다. 시민위원회를 20~30인으로 구성하고 기존의 형식적인 위원회에서 벗어나 실질적인 권한을 갖도록 하며 시민옴부즈맨, 시민자원봉사단, 시민기금 조성 등 세부사업으로 추진하는 방안들도 언급되었다.

지방자치단체장이나 의회, 병원장들이 시민 참여의 필요성에 적극 공감하고 이를 활성화하기 위해 노력해야 한다. 시민위원들 나아가 일반 시민들의 보건의료 또는 공공의료에 대한 이해를 높이기 위해 다양한 교육과 홍보도 병행되어야 한다. 공공의료성남시민행동이 시민들 대상으로 '공공의료 아카데미'라는 강좌를 꾸준히 개최하여 이해를 높이고자 한 사례는 참고할 만하다.

시민 참여 방안으로 시민들이 병원 옴브즈맨으로 참여하는 방안을 채택해 보는 것도 좋겠다. 시민이 감시 모니터링의 옴브즈맨으로 참여함으로 병원에 대해 이해하는 계기를 갖는다. 병원 쪽에는 시민들의 불만이나 요구 사항들을 파악해서 개선해 나가는 자극 요인이 되고, 옴브즈맨 참여자들이 병원 홍보자 역할 맡기도 가능하다.

병원에는 각종 위원회와 부서들이 존재해 의무적으로 외부 인사를 참여시키기도 한다. 의무적이 아니더라도 가능한 많은 곳에 공공의료를 이해하는 시민이 참여한다면 활발하고 투명한 논의를 기대해 봄 직하다. 부작용을 걱정하기보다 지금은 긍정적 효과를 더 적극적으로 고민해야 할 때다.

5장

민간병원의
공공성 강화

민간병원이 90%로 의료의 대부분을 차지한다는 사실 외에도 수익성, 상업성에 치우친 성격 때문에 심각성이 더해진다. 민간 의료기관은 우선 살아남아야 하고 수익을 올려야 하는 자기 목적 때문에 공익적 역할은 부차적이다. 대형 병원들은 군비경쟁으로까지 일컬어지는 무한 경쟁 속으로 뛰어든 지 오래되었고 중소병원들도 전문병원이니 네트워크병원이니 해서 나름대로 수익을 높이는 방안 모색에 혈안이다.

이러한 민간 의료 현실은 우리나라 전체 의료의 발전을 고려할 때 결단코 바람직하지 않다. 가까운 일본의 경우 민간 의료 부문에서 민의련[1], 적십자사[2], 제생회[3], 후생연[4] 등 공익 성격이 강한 의료기관 네트워크가 그나마 민간 의료의 공공성을

---

1. 일본 전국 1천여 이상의 의료 기관이 소속된 '전일본민주의료기관연합회' 약칭
2. 우리나라보다 의료기관 수도 훨씬 많고 규모도 큼
3. 일본 왕실의 기부금으로 운영하는 병원 연합체
4. 일본의 농업협동조합에서 운영하는 의료 부문 사업 연합체로 농협이 주체가 되어 많은 병원을 설립하고 실제로 운영함

담보하는 역할을 담당하는 것과 비교해 우리나라의 경우 공익성을 담보해 줄 공익적 민간 의료기관들이 너무도 부족하며 그 역할도 미미하다. 민간 의료 부문의 비중을 축소시키는 과제는 공공의료 부문의 역할 확대와 맞물린다. 이외에도 민간 부문의 무분별한 병상 확대를 억제하는 정책을 도입하여 지금 이상으로 의료의 민간 의존도가 높아지지 않도록 해야 한다.

동시에 기존 민간 의료기관들의 공익성 확대를 위하여 다양한 방안들이 강구되어야 한다. 공공병원의 병상이 현재 10% 안팎인데 아무리 노력해도 단기간에 20%, 30%에 도달하는 건 거의 불가능해 보인다. 수십 년에 걸쳐 꾸준하게 투자해야 겨우 이룰까 말까 한 목표다. 그래서 공공병원 확대 강화에만 매달려서는 의료 공급의 공공성을 확보하기 어렵다는 결론이다. 설령 20~30%에 도달한대도 70~80% 병상에 대해서는 어찌할지 과제가 여전히 남는다.

노골적으로 영리를 추구하는 의료기관들의 편법 활동들을 차단하고, 비영리 법인이 운영하는 의료기관들이 민주적이고 투명한 경영을 도모하도록 감시해야 한다. 아울러 민간병원 중에 실질적으로 사회적 소유이면서 공익성을 표방하고 실천하는 의료기관들은 지원을 더욱 강화해야 한다. 정부, 지방자치단체가 이러한 의료기관들의 설립을 촉진하고 공익적 역할을 제대로 수행할 수 있도록 지원, 감시하는 역할을 적극적으로 해야 한다. 의료협동조합 의료기관들이 사회적 소유 방식으로 공익적 기능을 수행하는 대표적인 기관이다.

민간병원 중에도 공익 성격이 확실한 병원, 수익성과 공익성의 균형을 잡으려는 병원들이 존재한다. 의료 공급의 공공성 회복은 공공병원과 이들 민간병원의 연대에 기반을 두고 풀어야 한다. 공공병원이 워낙 위축되다 보니 독자적으로 변화를 추동해 나가는 데 어려움을 겪기도 한다. 공익적 민간 부문과 연대는 의료 공공성 도모에 중요한 전략적 선택이 되겠다.

공익적 민간 중소병원 육성

:

'공익적' 중소병원을 어떻게 규정할지 의견이 분분하다. 중소병원의 대표적 유형의 하나가 의료법인인데 그 자체로는 비영리 법인으로 공익성을 지향한다. 그러나 우리나라 의료법인은 대표자의 취향이 강해 공익이라는 말을 붙이기 쉽지 않다. 개인병원과도 큰 차이가 없다. 편법으로 사고팔기까지 한다.

중소병원은 3차 병원에 해당하는 대형 병원에 비해 규모는 작은 편이나 그만큼 지역사회에 밀착한다. 병원의 생존을 위해서라도 지역사회와 긴밀한 관계를 유지해야만 한다. 지역 주민의 의료기관 이용 편의성, 일상적인 건강 관리라는 측면에서는 지역 중소병원의 역할이 더 중요하다. 이런 면에서는 민간병원,

공공병원 다르지 않다.

지금 우리나라 의료 체계 문제 중 하나는 지나친 대형 병원 집중화다. 너도나도 수도권의 빅5 병원을 찾거나 적어도 대학병원을 찾아야 안심한다. 특히 수도권 집중화는 심각한 수준으로 지방의 의료 인프라를 심각하게 훼손한다. 사실상 무너진 의료 전달 체계를 회복하는 방안은 3차 병원으로 과도하게 집중된 구조를 개선하여 지역사회 1차 의원이나 중소병원들의 역할을 키우는 것이다.

규모와 관련하여 한 가지 짚고 넘어가야 한다. 병원 정책과 관련한 논의 중에 300병상을 효율성의 마지노선으로 보는 시각이 광범위하다. 입원 병상이 300개는 넘어야 시설, 장비, 인력 면에서 효율성이 극대화한다는 논지다. 예를 들어 고가 장비인 CT, MRI 같은 기기도 300병상 이상이어야 가장 효율적으로 활용할 수 있다는 주장이다.

이는 더 나아가 300병상 이하 병원은 신설을 제한하고 기존의 병원도 점차 퇴출해야 한다는 주장으로 이어진다. 전적으로 효율성만을 우선한다. 300병상 넘는 병원이 더 공익적이고 더 지역사회 친화적이라 보장하기는 어렵다.

오히려 규모가 커질수록 지역사회에서 멀어질 가능성이 있다. 공공성 기준으로 볼 때 병상 규모는 유의미한 기준이라고 보기 어렵다. 공익 가치를 얼마나 실천하느냐를 기준으로 삼아야 정당한 평가가 가능하다.

사회적 의료법인 신설

:

중소병원 중에서 공익적인 병원을 육성하는 정책적 지원을 적극 펼쳐야 한다. 지금의 의료법인은 개인 소유 경향이 강하므로 의료법인 중에서 사회적 성격이 더 강한 법인을 '사회적 의료법인'과 같이 별도로 구분하여 지원하는 방안을 모색함은 어떨까.

협동조합은 주식회사와 달리 사람 중심의 의사결정 구조를 갖는다. 그 자체로 공익적 성격이 강하다. 여기에 더해 일반 협동조합과 구분하여 '사회적 협동조합'을 두는데 이는 구성이나 설립 목적, 사업 방향 등에서 공익적 지향을 더욱 강조하고 지원하기 위해서다. 마찬가지로 개인 소유 경향이 강한 의료법인과 구분하여 '사회적 의료법인'을 신설하는 방안도 하나의 대안이다.

지역사회 친화 병원

:

공익적 중소병원의 지향은 지역사회와 친화하는 병원이다. 병원이 지역사회의 일원으로 지역사회 소임을 다하고 주민들의 건강 관리와 돌봄에 책임을 다해야 한다. 민간 중소병원들이 이러한 지향을 유지해 나가도록 정부와 지자체가 정책 방향을 확실하게 하고 지원도 해 나가기를 희망해 본다. 과거처럼 병상이 모자라서 병상 확보가 지상 과제인 시대도 아니고, 이제는 병상이 지닌 공익적 가치에 대해서도 충분한 고민이 필요하다.

지역사회 통합돌봄 관련한 요구가 크다. 의료 분야 쪽으로 요구도 커지지만 참여는 미미하다. 방문 진료나 주치의 사업들이 1차 의원 중심으로 구성되어 중소병원의 참여 통로는 막혔다. 1차 의원들은 인력이나 시간 문제로 참여를 꺼리는 현실이다.

지역사회 통합돌봄의 과제는 상당히 시급하다. 더 이상 미루기 어려움에도 의료계는 통합돌봄 관련한 관심과 참여가 저조하다. 복지 분야에서 통합돌봄 논의와 실천을 이끌어 가는 경향이 두드러진다. 주요 대상이 되는 노인이나 장애인의 의료에 대한 요구는 실제로 높고 절실하다.

의료계가 적극적으로 나서야 할 사안이다. 지역사회에 있는 모든 의료자원이 모여도 부족한 상황인데 지금처럼 무관심으로 일관해서는 답이 안 나온다. 공공병원과 민간병원, 1차 의원과 병원 가리지 않고 함께 힘을 모아야 한다.

의료협동조합의 역할 기대

:

의료협동조합 의료기관들이 전국에 산재한다. 주민들이 주체가 되어 협동조합을 만들고 산하에 의료기관을 설치한다. 주민들의 요구에 따라 협동조합의 활동이 결정되므로 지역사회의 필요를 충분히 반영 가능하다. 지역 친화 의료기관 모델의 하나다.

그런데 우리나라에서 의료협동조합의 형식을 가지기는 하나 사실상 비의료인이 운영하는 영리 목적 의료기관도 상당히 존재한다. 비의료인이 의료기관을 개설 못하므로 의료협동조합이라는 형식을 빌린다. 과거 사무장병원들이 의료협동조합으로 갈아타는 방식이다.

이는 협동조합 본래의 이념, 활동방식에서 크게 벗어난다. 협동조합이라 말하기도 어렵다. 오히려 이들 유사 협동조합 때문에 제대로 된 의료협동조합들이 의심 받거나 활동에 제약이 걸리기도 한다.

정부는 사실상 사무장병원인 유사 협동조합을 철저히 단속해 퇴출하고 제대로 된 의료협동조합이 제대로 활동 가능한 풍토를 마련해 주어야 한다. 나아가 이들 의료기관이 공익 가치를 실현하도록 지원책을 마련하면 좋겠다. 의료협동조합은 내부 조합원의 요구를 반영하게 되므로 지역에서 필요한 통합돌봄에 대한 요구도 수용 가능하다.

의료협동조합들도 이제 1차 의원에 머무르지 말고 규모를 키워서 병원계로 진출해야 한다. 의료협동조합은 지역주민들이 조합원으로 참여 가능하므로 주민의 요구를 직접 반영한다. 관료적 통제 대신 시민 통제가 가능한 구조다. 협동조합이 중소병원을 운영한다면 더욱더 지역 친화 병원이 되리라 기대한다.

혁신적 의료기관 모델 개발

:

민간 영역이지만 기존의 의료서비스 제공 방식과 다른 혁신적 모델의 의료기관 만들기를 시도해 봐야 한다. 오히려 공공 의료기관들보다 새로운 시도에 유리하다. 예를 들어 의료기관을 찾아오는 환자만 진료하는 기존 방식에서 벗어나 의사가 환자를 찾아가는 방문 진료만을 하는 의원도 보았다.

1차 의원급에서 방문 진료, 가정간호, 방문 간호 등 다양한 방문 서비스를 제공하기도 한다. 다른 의료기관이 피하거나 외면하는 트랜스젠더 호르몬 치료를 전문적으로 시행하는 곳도 존재한다.

시민과 의료인의 역할

:

주민과 지역사회는 자기 동네 공공병원이 제 기능과 역할을 다하도록 격려하고 감시하고 평가해야 한다. 운영에도 참여해야 한다. 쉽지 않겠지만 가능하도록 노력해야 한다. 성남시 예에서 보듯 시민들이 나서 공공병원 설립도 관철 가능하다. 의료협동조합처럼 직접 의료기관을 만들어 민주적 운영도 가능하리라.

의료 공공성에 대한 자각과 참여를 통해 주민들이 의료 공공성 운동에 직접 나서야 한다. 그래야 왜곡된 우리 의료 공급 구조를 조금이라도 개선 가능하다고 믿는다.

의료 공공성 운동에서 의식과 열정을 가진 의료인들이 역할도 매우 중요하다. 깨인 의식 가진 의료인들이 공공의료의 혁신을 도모하면서 침체된 공공병원에 활력을 불어넣고 새로운 공공병원 설립 운동도 같이 도모해야 한다.

민간 영역에서도 민간 의료기관의 상업성, 영리성과 대립하면서 공익성을 지켜나가려는 운동이 펼쳐지길 기대해 본다. 공익적 병원들의 확대를 꾀하고 공익적 활동들을 도모해가며 연대와 협동을 통해 공공성의 영역이 확장되도록 힘써야 한다.

공익적 민간 의료기관의 연대

:

공익적 민간 의료기관들도 개별 활동을 넘어 협력하고 연대해 나가야 한다. 다행히 몇 년 전 한국사회적의료기관연합회(사의련)가 출범하여 민간 의료기관들을 연결하는 역할을 활발히 한다.

바로 민간 부문에서의 공익성 확장이라는 중요 과제를 실천하는 역할이다. 많은 민간 의료기관이 함께하기 바란다.

공공과 공익적 민간이 함께하는 의료 공공성 운동

:

의료 공공성 회복 운동이 절실하다. 병원이라는 의료 현장 뿐만 아니라 다양한 의료 부문에서 요구되는 시대적 과제다. 이를 위해 전방위적으로 노력할 때다.

특히 의료 현장의 공공성 회복 운동은 공공병원과 공익적 민간 의료기관이 함께해 나가야 한다. 그래야 현저하게 기운 의료 현장의 공공성을 조금이라도 바로 세우리라.

공공의료는
시민의 힘으로*

* 『성남시의료원 설립운동사』(건강미디어협동조합, 2022)에 실린 '공공의료 제언'

성남시의료원 설립을 위한 지난 시간을 되돌아보면 말 그대로 다사다난한 과정이었습니다. 시민이 발의하여 조례를 만들고 병원의 방향을 잡아나가면서 개원에 이르기까지 시민들은 그 중심에서 역할을 다했습니다. 개원 후에도 시민들의 역할은 멈추지 않고 지속되어야 할 이유입니다.

우리 사회에서 '의료 공공성'은 그동안 관심 밖 의제였습니다. 우리나라 공공의료의 빈약함에서 이유를 찾겠는데, 결국 정부와 국민의 무관심에서 비롯되었습니다. 이런 현실에서 주민 발의에 의한 성남시의료원 설립이라는 일대 사건이 발생합니다. 성남시민들은 온전히 시민의 힘으로 성남시의료원 설립이라는 큰일을 이루어 냈습니다. 공공의료 확대·강화를 위해 무엇을 해야 하는지 깨닫게 합니다.

정부나 의회 모두 공공의료에 대한 관심과 의지는 기대 이하입니다. 공공의료의 개념도 부실하고 공공의료 확대·강화를 향한 열정도 보이지 않습니다. 그동안 다양한 공공의료 정책들이

l 나왔지만 제대로 기능하지 못했고 그 결과는 참담한 상황입니다. 이 국면을 어떻게 근본적으로 바꿔낼지를 고민해 봐야겠습니다. 결국 주민운동, 시민사회 운동이 전면에 나서야 하겠습니다.

성남시민들이 이루어 낸 성과를 보면서 전국 각지에서 공공병원 설립을 위한 움직임이 활발해집니다. 공공 재활어린이병원 설립을 위한 시민들의 노력도 모아집니다. 공공의료 확대 강화를 위해 주민들이, 시민들이 직접 나서야만 하게 된 절박함의 결과이기도 합니다.

아래서부터 끓어오르는 공공의료에 대한 주민들의 열망을 받아 중앙정부와 지방정부는 제대로 된 전망 속에서 공공의료에 대한 과감한 지원과 투자를 결단해야 할 때입니다.

우리나라 의료공급체계는 총체적 혼란 상태입니다. '문재인 케어' 이후 본인 부담이 감소하면서 빅5 병원 환자 집중이 가속화하는 상황입니다. 주치의는 없고, 의료전달체계는 마비 상태이며, 1차, 2차 의료기관에 대한 불신 속에 초대형 병원으로 환자들이 몰리는 현실입니다. 지방의 의료는 붕괴된 지 오래고, 공공의료는 존재감을 못 가집니다. 거대한 민간 의료 영역은 수익성만 쫓고 있습니다. 더 문제는 이런 상황을 인식하고 이를 극복하기 위한 동력이 보이지 않는다는 것입니다.

이 문제 해결도 결국 주민들이, 시민들이 직접 나서는 게 답이라는 생각을 합니다. 정부와 의료계에 기대하기 어렵습니다.

의지를 가졌다면 진작에 뭔가 움직임이 보였겠지요.

의료공급체계 개선에서 가장 핵심적인 내용은 공공성의 회복입니다. 공공병원을 확충하여 지역에서 신뢰받는 지역 친화 주민 친화 병원으로 거듭난다면 초대형 병원 집중을 완화시키는 단초가 마련된다고 봅니다. 주치의제도를 도입하고 의료전달 시스템을 정비하는 것도 병행되어야 할 과제입니다.

성남시민들의 의지와 노력으로 성남시의료원이 출발하였지만 어떤 공공병원을 만들어 나갈지 진지하게 고민해야 합니다. 지방정부나 병원 경영자에게만 맡겨 놓아서는 안 될 노릇입니다. 과거 공공병원의 모습을 마냥 따라가면 안됩니다. 이제 진화와 혁신을 마다하지 않아야 합니다.

과거에 공공병원은 대학병원이나 민간병원에 못 가는 가난한 사람, 노숙자 같은 취약계층이 이용하는 병원 정도로 인식되었습니다. 우중충하고 어두운 이미지의 병원이었습니다. 여기서 조금 나간 게 과잉진료를 하지 않고 적정 진료를 실행하는, 수익성이 나지 않아 민간에서 하기 어려운 필수 의료를 담당하는, 사스, 메르스, 코로나 등 전염병 유행과 같은 공중보건 위기에 대응하는 병원 정도로 자기 역할들이 확대되었습니다. 그러나 여기에 그쳐서는 안 됩니다. 주민들의 요구, 시민들의 요구가 넘쳐나기 때문입니다.

무엇보다 성남의료원이 비정규직 안 쓰는 병원, 성 평등한 병원, 직장 민주주의를 실현하는 병원이 되기를 소망합니다. 그리고 지역사회 친화 병원, 시민 친화 병원을 기대하는 마음 또한 큽니다. 그러기 위해서는 지금까지 성남시의료원을 설립하기 위해 노력해온 시민들이 병원 운영에 어떤 방식으로든 참여하여 건강한 역할을 담당하기를 바랍니다. 아마 시민들의 참여는 병원의 전망을 만들어 가는 데 큰 힘이 될 것입니다.

인권 문제를 병원 시스템 안에서 수용하고 최근의 젠더 관련 건강 이슈들도 병원 틀 안에서 담아내는 진일보한 병원을 꿈꿔 봅니다. 노동하는 사람들의 건강을 챙기고 소수자, 약자들의 건강 문제를 외면하지 않는 병원이라면 분명 새로운 공공병원으로서 충분하겠습니다. 멋진 공공병원으로 거듭난다면 우리나라 공공의료의 새로운 희망이 될 것입니다. 성남시의료원은 충분히 그 역할을 하리라고 봅니다. 그만큼 기대가 큽니다.

성남시의료원 설립에 뜻을 모으고, 조례 발의를 하고, 설립 과정을 온전히 함께한 성남시민들이 성남시의료원의 주인입니다. 병원의 주인으로서 앞으로 역할에 대해서도 기대합니다. 성남시의료원의 처음도 시민이요 마지막도 시민입니다.

지은이 **백재중**

신천연합병원에서 내과 의사로 근무 중. 『팬데믹 인권』(2022) 『여기 우리가 있다』(2020) 『자유가 치료다』(2018) 『의료협동조합을 그리다』(2017) 『삼성과 의료민영화』(2014)를 쓰고 펴냈다. 『다른 의료는 가능하다』(백영경, 창비, 2020)에 대담자로 참여했다.

한뼘문고 01

공공의료 새롭게

지은이 백재중
초판 1쇄 발행 2022년 7월 17일
만든이 조원경 황자혜 임지연 박재원
펴낸이 백재중 펴낸곳 건강미디어협동조합
등록 2014년 3월 7일 제2014-23호 주소 서울시 사가정로49길 53
전화 010-4749-4511 팩스 02-6974-1026 전자우편 healthmediacoop@gmail.com
값 9,000원 ISBN 979-11-87387-25-1 03330